红色基因
★ 信念篇 ★

蒋海升 主编

毕晓莹 迟晓静 编著

泰山出版社·济南·

图书在版编目（CIP）数据

红色基因. 信念篇 / 蒋海升主编；毕晓莹，迟晓静编著. —济南：泰山出版社，2021.10
ISBN 978-7-5519-0657-9

Ⅰ.①红… Ⅱ.①蒋… ②毕… ③迟… Ⅲ.①中国共产党—党员—先进事迹 Ⅳ.①D263

中国版本图书馆CIP数据核字（2021）第119000号

HONGSE JIYIN·XINNIAN PIAN

红色基因·信念篇

策　　划	胡　威
主　　编	蒋海升
编　　著	毕晓莹　迟晓静
责任编辑	徐甲第
装帧设计	路渊源
出版发行	泰山出版社
社　　址	济南市泺源大街2号　邮编　250014
电　　话	综 合 部（0531）82023579　82022566
	市场营销部（0531）82025510　82020455
网　　址	www.tscbs.com
电子信箱	tscbs@sohu.com
印　　刷	山东新华印务有限公司
成品尺寸	148 mm×210 mm　32开
印　　张	8.5
字　　数	166千字
版　　次	2021年10月第1版
印　　次	2021年10月第1次印刷
标准书号	ISBN 978-7-5519-0657-9
定　　价	36.00元

序言

讲好红色故事,激活红色基因

党的十八大以来,习近平总书记多次强调,红色基因就是要传承,让信仰之火熊熊不息,让红色基因融入血脉,让红色精神激发力量,要把理想信念的火种、红色传统的基因一代代传下去,让革命事业薪火相传、血脉永续。

红色基因是什么?红色,代表着光明与温暖,象征着革命与胜利,凝聚着力量,引领着未来。"红色基因"是中国共产党人的精神内核,是中华民族的精神纽带,始终贯穿在中国共产党从小到大、从弱到强、不断从胜利走向胜利的辉煌历程中。建党一百年来,中国共产党书写了波澜壮阔的革命史、艰苦卓绝的奋斗史、可歌可泣的英雄史。一部党史,蕴含着丰富的革命精神,包含了革命先辈的崇高理想和坚定信念,凝聚了党的优良革命传统和集体智慧。红色基因形成于艰苦卓绝的战

 ★信念篇★

争年代，在井冈山、瑞金、遵义、延安、西柏坡等地凝聚，并伴随着中国革命、建设、改革的伟大历程传承至今。红色基因是历史的积淀，是历史真正厚重之所在。红色基因中有信仰，能够使我们"不畏浮云遮望眼"；红色基因中有定力，能够使我们"咬定青山不放松"；红色基因中有成功之道，能够使我们从看似"山重水复疑无路"中，领略"柳暗花明又一村"的意境。红色基因植根于革命先烈用鲜血染红的泥土中，传承于一代一代人不懈奋斗的事业中，与我们每一个人情感相连、命运相系，是我们精神的归宿、初心的原点。它清晰地告诉我们——今天的中国从何处来，又往何处去。

红色基因中包含着信念。信念是革命理想高于天的坚定信仰，目光远大，追求高远；红色文化是一种崇高、坚定、顽强的信念文化。真正的革命者清楚地认识到革命的本质，因而具有坚定的意志和崇高的使命感。"但有使命，万死不辞。"信仰不够坚定，面对困难中途退出，那是逃兵，不是革命者；信仰不够坚定，面对危险选择变节，那是叛徒，不是革命者。革命者的使命感就是人生的意义在于革命事业。敌人"只能砍下我们的头颅，决不能丝毫动摇我们的信仰！我们的信仰是铁一般的坚硬的"。理想信念是革命者一往无前的坚实支撑。

红色基因中包含着忠诚。对党忠诚，是共产党人首要的政治品质。党一路走来，经历了无数艰险和磨难，但任何困难都没有压垮党，任何敌人都没能打倒党，靠的就是千千万万党员的忠诚。"党有指示，虽死不辞"，爱党爱国，永远听党话、跟党走,服从中央、顾全大局,矢志不渝、至死追随,坚守高度自觉严格的革命纪律,任何时候、任何情况下都同党中央保持高度一致,一心一意、一以贯之,表里如一、知行合一。"对党绝对忠诚要害在'绝对'两个字,就是唯一的、彻底的、无条件的、不掺任何杂质的、没有任何水分的忠诚。"对党绝对忠诚,既是政治标准,更是实践标准。任何时候任何情况下都不改其心、不移其志、不毁其节,把对党忠诚真正落到实处。

红色基因中包含着为民。"人民对美好生活的向往,就是我们的奋斗目标。"中国共产党人的初心是什么?归根结底,就是"民心",即为民之心,为人民服务的心,对人民的拳拳赤子之心,带领人民创造幸福生活、满足人民对美好生活向往的心。坚持以人民为中心是共产党领导人反复强调的核心价值取向。党自成立之日起,就把坚持人民利益高于一切鲜明地写在自己的旗帜上,把实现好、维护好、发展好最广大人民的根本利益作为一切工作的出发点和落脚点。一百年来,我们党之所以能够从小到大、从弱到强,关键就在于始终坚持以人民为中心,权为民所用、情为民所系、利为民所谋,无私奉献,无怨无悔,践行全心全意为人民服务的根本宗旨。

红色基因中包含着奋斗。"宝剑锋从磨砺出,梅花香自苦寒来。"任何事业的成功离不开艰苦奋斗。奋斗是艰辛的,艰难困苦、玉汝于成,没有艰辛就不是真正的奋斗,在艰苦奋斗中才能净化灵魂、磨砺意志、坚定信念。奋斗是长期的,前人栽树、后人乘凉,伟大事业需要几代人、十几代人、几十代

★ 信念篇 ★

人持续奋斗。坚持和发扬艰苦奋斗精神是我们党一个永恒的主题。艰苦奋斗是党在长期革命、建设过程中形成的优良传统和作风,是党的政治本色,是党的宝贵精神财富。艰苦奋斗的精神永远不会过时。

红色基因中包含着意志。革命者的意志是用钢铁做的,革命者具有坚强意志、不屈气节和反抗精神。越是困难时期,革命者的信仰越执着、意志越坚定。为了实现自己的理想和奋斗目标,即使牺牲生命也在所不惜。大义凛然,视死如归。战场拼死易,从容就义难。面对敌人的铁窗与枷锁,面对敌人的罪恶枪口,革命者们泰然自若,从容决绝。中国共产党人是特有的英勇顽强、意志如钢、敢于战斗、不怕牺牲、宁死不屈、不畏艰险、勇于拼搏、自强不息、一不怕苦二不怕死的战斗精神的凝结。

……

红色基因有丰富的内涵。红色基因,让青春常驻,让生命之花绽放,让人生的每个时期都有其独特的魅力。

生活在我们这样一个拥有无数先烈的国度里,英雄的故事有口皆碑,红色印记随处可见。然而,每个人内心里的红色种子,不会自然而然地长成参天大树,需要不断地呵护她、激活她,使其永葆生机与活力;需要不断地培育她、浇灌她,使其汲取养料茁壮成长。那么,如何激活红色基因呢?

习近平总书记在瞻仰井冈山革命烈士陵园时,曾讲过一段深情的话语,井冈山是革命的山、战斗的山,也是英雄的山、光荣的山,每次来缅怀革命先烈,思想都受到洗礼,心灵都产生触动。回想过去那段峥嵘岁月，我们要向革命先烈表示崇高的敬意，我们永远怀念他们、牢记他们，传承好他们的红色基因。遍布于全国各地的纪念馆、纪念地，是红色基因的"孕育地""储存库"，充分发挥好红色资源作用，经常到这些地方拜谒、瞻仰、学习，可以使我们的心灵得以滋养、灵魂得以净化、境界得以提升，从红色基因中汲取前进的力量。

历史是最好的教科书，也是最好的清醒剂。一本好书、一个好的故事，既是一扇窗户，让人走进历史、了解历史，也是一粒种子，让人在内心激发认同、产生情感共鸣。只有了解才能理解，只有"通情"才能"达理"，从而激活红色基因，把红色基因的根基扎深扎牢。

革命先烈、英模人物的榜样力量，是优良传统的人格化身，是红色基因的鲜活体现。从他们身上，我们能够感受到一种强烈的气场、一种催人奋进的力量。不懂历史的民族没有根，淡忘英雄的民族没有魂。激活红色基因，当以英模人物为榜样，自觉向他们看齐。"清气澄余滓，杳然天界高。"榜样就是阵阵"清气"，能够澄滤"余滓"，引导我们进入"杳然"人生之境。

"传统不是守住炉灰，而是热情火焰的传递。"红色基因不是古董，她的生命力在于挖掘出新的时代内涵，彰显出新的时代价值。感悟革命传统的崇高，激活我们身上的红色基因，最终要体现在为崇高事业的不懈奋斗中。唯有保持革命战争年代那么一股劲、那么一种革命热情、那么一种拼命精神，才能使红色基因代代相传，使我们的事业永续推进。

 ★ 信念篇 ★

讲好红色故事,激活红色基因。一位作家说过:人生不是一支短暂的蜡烛,而是一支由我们暂时拿着的火炬,我们一定要把它燃烧得十分光明耀眼,然后交给下一代。红色基因鼓舞着一代又一代中华儿女为了中华民族的伟大复兴而坚强自立、坚持梦想、勇往直前。面对敌对势力的阻挠诋毁,面对自然灾害的汹涌来袭,我们不动摇、不懈怠、不折腾,用勤劳和智慧、用坚定与执着,写下了令世人惊叹的"中国故事"。今天,历史的接力棒传到我们手上,我们当分外珍惜这一荣光,在回首中铭记,在缅怀中传承,在开拓中弘扬,让红色基因融入血脉代代相传,永不褪色,不断书写出新的光辉篇章!

目录

01 李大钊：在中国传播马克思主义第一人 / 001

02 陈望道："真理的味道非常甜" / 004

03 陈潭秋：舍生取义，家国情怀 / 008

04 王尽美："尽善尽美"求解放 / 012

05 邓恩铭：永不熄灭的精神火炬 / 015

06 顾正红：工人阶级的先锋战士 / 018

07 邓培：名垂青史的工人运动先驱 / 021

08 林伟民：早期中国工人运动的卓越领袖 / 024

09 苏兆征：工人运动的杰出领袖 / 027

10 徐特立："风暴海燕" / 031

11 杨闇公：宁死不屈的"马掌铁" / 035

12 罗亦农：慷慨赴死的"拼命三郎" / 038

13 萧楚女：燃烧生命，璀璨新世界 / 042

14 陈延年：革命的"苦行僧" / 045

15	赵世炎：信仰之火永不灭	/ 048
16	卢德铭："三师不换"的共产主义战士	/ 051
17	张太雷：震碎旧世界的惊雷	/ 054
18	周文雍、陈铁军：刑场上的婚礼	/ 058
19	夏明翰："誓将真理传人寰"	/ 061
20	郭亮：提着脑袋干革命的工人运动领袖	/ 064
21	向警予：中国妇女运动的先驱	/ 067
22	陈乔年：用青春护卫真理	/ 070
23	王尔琢：以身许国终不悔	/ 073
24	陈觉、赵云霄夫妇：在遗书中拥抱	/ 076
25	刘仁堪：刑场血书	/ 079
26	吴亚苏：父亲写给儿子的"劝降书"	/ 082
27	彭湃："相信澎湃的力量"	/ 085
28	缪伯英：中国共产党第一位女党员	/ 089
29	陈毅安："无字信"	/ 093
30	杨开慧："永失骄杨"	/ 096
31	何孟雄："狱中题壁"	/ 099
32	殷夫：革命诗人，青年的布尔什维克	/ 102
33	刘谦初：赤胆忠心为救国	/ 105
34	刘晓浦：摒弃富贵为国捐躯	/ 108
35	刘一梦：沂蒙英烈"五少爷"	/ 111
36	恽代英："留得豪情作楚囚"	/ 114
37	周逸群：革命理想高于天	/ 117

38	蔡和森："明目张胆正式成立一个中国共产党"	/ 120
39	黄公略：骁勇善战的"飞将军"	/ 123
40	韦拔群：壮族人民的忠实儿子	/ 127
41	陈理真：用生命捍卫党的事业	/ 131
42	张人亚：党章守护人	/ 134
43	邓中夏："骨纵成灰，矢志不渝"	/ 138
44	施滉："清华最有光荣的儿子"	/ 141
45	江善忠："死到阴间不反水，保护共产党万万年"	/ 144
46	吉鸿昌："恨不抗日死"	/ 147
47	李翔梧、刘志敏：点燃革命烈焰的红色伉俪	/ 150
48	刘伯坚："带镣长街行"	/ 154
49	钱壮飞：于无声处立奇功	/ 157
50	聂耳："国之歌者"	/ 161
51	方志敏："清贫"的共产主义战士	/ 164
52	胡底："北望"的信念	/ 167
53	李美群：马前托孤	/ 171
54	杨厚珍："三寸金莲"走长征	/ 174
55	周广才：半截皮带	/ 177
56	刘志丹：为共产主义信仰奋斗到底的"罗宾汉"	/ 180
57	赵一曼：甘将热血沃中华	/ 184
58	陈海松：红军史上最年轻的军级干部	/ 188
59	陈为人："一号机密"守护者	/ 191
60	郭纲琳："铜心"向党，永是勇士	/ 194

61	刘仲莹：革命火种的播撒者	/ 197
62	黄诚：以血肉之躯呼唤抗日救国	/ 200
63	左权：愿拼热血卫吾华	/ 203
64	毛泽民：中国红色金融鼻祖	/ 206
65	马本斋：英雄不死，家国安泰	/ 209
66	彭雪枫：新四军中的"赵子龙"	/ 212
67	黄友："小鬼善战"	/ 215
68	张露萍：以身殉真理的红色女特工	/ 218
69	董健民：誓与密码共存亡，一家三口齐跳海	/ 221
70	罗炳辉：屡建奇功的"福将"	/ 224
71	杨子荣："智取威虎山"	/ 227
72	李白：永不消逝的电波	/ 230
73	陈然：隐蔽舆论战线的战斗英雄	/ 234
74	刘国鋕：为真理死而无愧的"七少爷"	/ 237
75	熊向晖："一人可顶几个师"	/ 240
76	卢绪章：与"魔鬼"打交道的"红色资本家"	/ 243
77	黄继光：舍身堵机枪的"八大员"	/ 247
78	黄作梅：为世界和平事业牺牲小我	/ 250
79	郭永怀：永不陨落的"两弹"之星	/ 253
80	朱光亚："人生为一大事来"	/ 257

01 李大钊：
在中国传播马克思主义第一人

1918年的夏天，时任北京大学图书馆主任兼经济学教授的李大钊回老家省亲。他的一位亲戚前来看望他，只见李大钊穿戴简朴，没有一点大学教授的派头，而他的女儿则看上去土里土气，像个乡下孩子。这位亲戚对此很不理解，就问李大钊："您在北京到底干啥呀？"李大钊只是淡淡地一笑，说："点种。"当然，李大钊点的不是粮食的种子，而是革命的种子，是共产主义的种子。

李大钊，1889年出生于河北乐亭。早年间他留学日本，学习政治经济学，开始接触社会主义思想。在日本，李大钊看到了中日甲午战争和八国联军侵华时日本侵略者从中国掠夺的各种战利品，为此他痛心疾首，决心要为积贫积弱的祖国探索一条救亡图存之路。1915年，日本提出了灭亡中国的"二十一条"，这更让李大钊愤慨。李大钊积极参加留日学生的抗议斗争，他起草的通电《警告全国父老书》传遍全国。1916年，李大钊从日本回国后，积极地投身于新文化运动。在成为新文化阵营的领军人物的同时，李大钊决意创立、创造理想中的青春中国。1917年，俄国十月革命的胜利给在探索国家出路的李大钊以启发，从此他确立了共产主义信念，并认为只有马克思主义才能够救中国。于是，李大钊尝试用马克思主义回答中国的一系列问题，写出了一系列重要的运用马克思主义理论联系中国实际的文章，如《庶民的胜利》《布尔什维主义的胜利》《我的马克思主义观》等，极大地推动了马克思主义在中国的传播。李大钊是中国共产主义的先驱，是最早在中国传播马克思主义的人。

1920年初，李大钊化装成赶车夫，亲自送刚被北洋政府释放的陈独秀离开北京。在路上，李大钊与陈独秀约定，两人分别在北京和上海活动，为筹建中国共产党做准备，这就是中共党史上"南陈北李，相约建党"的佳话。李大钊送走陈独秀之后，在1920年3月与北京大学学生罗章龙、高君宇、邓中夏等19人建立了马克思学说研究会，系统地研究和宣传马克思主义。同年秋，李大钊建立了北京共产党早期组织，他被推举为书记。1921年7月23日，中国共产党第一次全国代表大会召开，正式宣告了中国共产党的成立。从此，中国革命的面貌焕然一新。中国共产党成立后，李大钊担任中国劳动组合书记部北方区分部主任，全面负责共产党在北方地区的工作。他积极领导北方的工人、农民以及学生参加运动，建立了全国第一个农村党支部，并领导组织了震惊世界的开滦五矿大罢工和二七大罢工等运动。

1927年，由于北伐战争连连胜利和工农群众运动的进一步高涨，帝国主义加紧了与国内军阀的勾结，镇压革命势力。在白色恐怖笼罩时期，李大钊坚守着共产主义必胜的信念，坚持传播马列主义。由于长期从事革命活动，李大钊遭到北洋军阀反动统治集团的极端仇视。4月6日，奉系军阀张作霖逮捕了李大钊等人。在狱中，敌人对李大钊使用酷刑逼供，但李大钊毫不动容地说："大丈夫生于世间，宁可粗布以御寒，安步以当车，就是断头流血，也要保持民族的气节。"李大钊始终严守党的秘密，使奉系军阀无所适从。同时，李大钊还书写了名为《狱中自述》的宣言式的檄文，向反动军阀宣战。4月28日，敌人对李大钊等人处以绞刑。临刑前，李大钊留下这样一张照片：他那宽阔的额头很干净，浓黑的双眉下神情自若，方形的脸上一片平和，只是在他那满是皱褶的灰棉袍下，挂着又黑又粗的铁链。站在绞刑架前，李大钊挺直身躯，发表了最后一次演说："不能因为今天你们绞死了我，就绞死了伟大的共产主义……我们深信，共产主义在世界、在中国，必然要光辉的胜利。"说完，李大钊毫不畏惧地走向绞刑架，英勇就义，年仅38岁。

李大钊是为中国引来"革命火种"的人，他点的是革命的"种子"，是共产主义的"种子"，在他牺牲多年后，这颗"种子"长成了参天大树。他为共产主义的传播和新中国的开创，作出了不可磨灭的贡献。

02 | 陈望道："真理的味道非常甜"

毛泽东在1936年对美国记者埃德加·斯诺回顾自己的思想转变情况时曾言："有三本书特别深刻地铭记在我的心中，使我树立起对马克思主义的信仰。我接受马克思主义，认为它是对历史的正确解释，以后，就一直没有动摇过。这三本书是：陈望道译的《共产党宣言》，这是用中文出版的第一本马克思主义的书，考茨基著的《阶级斗争》，以及柯卡普著的《社会主义史》。到了1920年夏天，我已经在理论上和在某种程度的行动上，成为一个马克思主义者，而且从此我也自认为是一个马克思主义者了。"

《共产党宣言》不仅对毛泽东产生了重要影响，也影响了无数的革命青年，使他们逐渐树立对马克思主义的坚定信仰，成长为马克思主义者。《共产党宣言》为中国指出了一条新的道路，它的中文首译者就是陈望道。

陈望道，1891年生于浙江义乌。他曾赴日本留学，在日本，他开始了解并接受马克思主义。1919年陈望道回国后，五四

陈望道

运动的洗礼使他坚定了传播马克思主义的信念。由于当时国内并没有《共产党宣言》的中文译本，他决定凭借自身深厚的外语功底和良好的汉语言文学修养，承担起首次在中国翻译马克思主义代表作《共产党宣言》的任务。

为了专心翻译《共产党宣言》，1920年2月，陈望道回到了故乡——浙江义乌，在条件简陋的柴屋中开始了翻译工作。当时天气尚冷，特别是到了晚上，寒风袭来，他冻得手足发麻。在这种艰苦的条件下，陈望道经常废寝忘食地工作，一日三餐常常需要母亲送过来。有一次，母亲看他这么辛苦，特意给他包了粽子，让他蘸着红糖吃。过了一会儿，母亲问他红糖够不够，他连声回答："够甜，够甜了。"后来母亲进来收拾碗碟的时候，发现他满嘴的墨汁，才知道陈望道因为翻译得太专注，把墨汁当成了红糖，而他自己却浑然不知，竟然还觉得很甜。陈望道夜以继日地翻译，终于在1920年4月下旬，完成了《共产党宣言》的中文翻译工作。第一版《共产党宣言》出版的时候还有一个小插曲，在上海出版的第一版《共产党宣言》因为时间匆忙，来不及仔细校对，书名印成了"共党产宣言"，这也成了后来鉴别第一版《共产党宣言》的一个依据。陈望道翻译的《共产党宣言》在国内很受欢迎，很快就销售一空，并多次再版重印，到1926年时这个译本就已刊印了17版。

陈望道除了首译《共产党宣言》外，还积极参与中国共产党的早期建党活动。翻译完《共产党宣言》后，他继续利用文字介绍和宣传马克思主义，特别是在陈独秀前往广州后，陈望道受其委托主持《新青年》的编辑工作。陈望道积极开展工作，促进了马克思主义在中国的传播，为中国共产党的成立奠定了思想基础。不仅如此，他还以实际行动践行马克思主义，参与创建了上海马克思主义研究会和上海共产党早期组织这两个重要组织。他是社会主义青年团的早期负责人之一，而且他还通过开办外国语学校、平民学校以及职工补习夜校等形式在群众中传播马克思主义。此外，他还积极组织早期工人运动，筹建了上海机器工会、印刷工会、纺织工会、邮电工会，通过工会开展工人运动。

在以后的革命生涯中，陈望道始终坚持党的领导，开展革命工作，可以说，陈望道尝到了甘甜的"真理的味道"后，一生始终坚持信仰马克思主义，信仰如饴，赤心存道。

党的十八大以来，习近平总书记至少五次在不同场合提到了陈望道翻译《共产党宣言》的故事。马克思和恩格斯写作的《共产党宣言》，在人类历史上第一次全面系统地阐述了科学社会主义理论，这是国际共产主义运动的第一个纲领性文献，标志着伟大的马克思主义的诞生。而陈望道的译作犹如黑暗中突然刺出的天光，点燃了中华大地马克思共产主义信仰的火种。

03 陈潭秋：
舍生取义，家国情怀

　　湖北省黄冈市黄州区陈策楼镇陈策楼村，有一座铜像屹立于苍松翠柏之间，他就是中共一大代表、党的创始人之一陈潭秋，他是一名特殊的七大中央委员。1945年，党的七大召开时，代表们由于不知他牺牲的消息，鉴于他对革命的贡献，仍选他为中央委员。

　　1942年，驻新疆办事处的党组织突然接到了党中央要求全体撤退的紧急通知。当时正是国共合作时期，党中央为什么要下达这样的命令呢？因为作为新疆八路军办事处负责人的陈潭秋意识到在新疆的党组织将受到重大的威胁。此前在党组织的安排下，陈潭秋在新疆负责与新疆军阀盛世才合作开展工作，但盛世才不断迫害进步人士，并严密监视当时驻新疆的八路军办事处。这个一向标榜"国际问题看莫斯科""国内问题看延安"的军阀，此时却大肆宣传"苏联靠不住了"，积极打压、迫害共产党人，尤其在宋美龄访问新疆之后，盛世才完全倒向了国民党一边。当陈潭秋接到党中央要求新疆的党组织全体撤离的命令时，他便立即安排同志们秘密而有序地开始转移。

面对原形毕露的盛世才,陈潭秋并不感到意外,他初见盛世才就评价他:就其出身来说,是个有野心的军阀;就其思想来说,是个土皇帝;就其行为来说,是个"狼种猪"。盛世才在意识到蒋介石已经决定展开对共产党的"围剿"之后,也向共产党举起了屠刀。在这紧要的关头,根据党中央的指示,陈潭秋决定将在新疆的人员分三批撤退,而自己和新疆办事处的少数工作人员最后撤。与此同时,陈潭秋连续几天秘密召开了各种会议,每次会议他都强调:"如果我们被捕入狱,一定要把敌人的法庭变作讲坛,揭露他们的罪恶阴谋,要像大革命时期我党优秀党员夏明翰那样面对敌人的枪口坚贞不屈,视死如归!"他为了革命的成功,为了共产主义的伟大事业尽职尽责,先人后己,在自己的岗位上坚持到最后一分钟,他用自己的行为书写着一名共产党员的坚韧与顽强,这种对革命事业的执着让人感动。那么,他的这种执着来自哪里呢?

陈潭秋,湖北黄冈人,1896年出生。陈潭秋的五哥是对陈潭秋影响最大的人。陈潭秋6岁的时候,到学校读书。开学第一天,五哥就手持剪刀先把自己的辫子剪了,接着要给陈潭秋和八弟陈荫林剪,陈潭秋非常疑惑五哥的行为,五哥给他解释说:"水牛头上被人拴了根绳子,所以能被人牵去犁田,头上的辫子就像拴水牛的绳子一样,留着就意味着为清朝这些腐败的统治者当牛。"五哥的行为和话语在陈潭秋幼小的心里埋下了革命的种子。

陈潭秋来到武昌后,他心里的那颗革命的种子逐渐长成了参天大树。在武昌,陈潭秋接触到了进步思想,从三民主义到马克思主义,他的思想发生了转折,对共产主义事业充满向往,他希望中国也有一场像俄国那样的革命。五四运动爆发后,陈潭秋与恽代英、林育英积极组织武汉学生联合会进行罢课游行,积极支持和声援北京学生的反帝爱国运动。

1920年,陈潭秋与董必武、刘伯垂等七人成立武汉共产主义小组,陈潭秋负责组织工作。他还成立了马克思主义学说研究会,宣传马克思主义。

1921年,陈潭秋与董必武被推选为武汉共产主义小组代表赴上海出席中国共产党第一次全国代表大会。1937年,全民族抗战爆发,在中国共产党的倡导下,民主爱国运动频发,抗日民族统一战线形成。党中央经过仔细研究,为了团结新疆各族人民,增强抗日力量,保持和巩固当时唯一可靠的国际交通线,与同情和支持中国人民的国际进步力量取得联系,派出了大批优秀党员到新疆工作,陈潭秋就这样来到了新疆。

陈潭秋清楚革命工作的危险性,但他毫不退缩,并组织在新疆的共产党员整风学习,进行革命气节教育。1942年9月,陈潭秋被捕。在监狱中陈潭秋坚持斗争,把监狱当成锻炼共产党员意志和信念的学校,将监狱变成对敌斗争的战场。面对陈潭秋的坚贞不屈,恼羞成怒的盛世才决定痛下杀手,最终将陈潭秋秘密杀害。

陈潭秋虽然牺牲了，但是他用鲜血和生命浇灌出一片生命的绿洲，他为了共产主义伟大事业敢于斗争和牺牲自我的崇高精神一直激励着后来者奋勇前进。

04　王尽美："尽善尽美"求解放

1925年，山东青岛一位年仅27岁的青年，躺在病榻上。弥留之际，他留下庄重的遗言：全体同志要好好工作，为无产阶级和全人类的解放和共产主义的彻底实现而奋斗到底。他就是中国共产党创始人，山东党组织的早期领导人王尽美。王尽美的一生虽然短暂，但是却如长夜的一颗明星，照亮历史的夜空。

1898年，王尽美出生于山东莒县的一个佃农家庭。由于家境贫寒，他17岁才读完小学，后考入山东省立第一师范读书。受进步思想的影响，要解放被压迫的劳动人民成为他走上革命道路的原因。他的雄心壮志、他的宏大气魄、他的奋斗精神都是他革命人生的最好注脚。

1919年五四运动爆发后，王尽美积极参加学生运动。1920年3月，北京大学成立马克思学说研究会，王尽美被发展为通讯员。同年秋，王尽美、邓恩铭决定成立励新学会，传播新思想和新文化。革命思潮的涌动如星星之火激发着年轻人无限的力量。1921年春，济南共产党早期组织成立，成员主要有王尽美、邓恩铭等。共产党早期组织的成立为灾难深重的齐鲁人民带来了希望的曙光。1921年6月,王尽美和邓恩铭赴上海参加了中国共产党第一次全国代表大会。

"贫富阶级见疆场,尽善尽美唯解放。潍水泥沙统入海,乔有麓下看沧桑。"这是王尽美参加党的一大后写下的诗句,表达了他坚定的共产主义信仰。他将原名王瑞俊改为"王尽美",取"尽善尽美"的意思,以此彰显自己坚定的革命志向。

从上海回到济南后,王尽美把带回来的《共产党宣言》《马克思资本论入门》等宣传共产主义的书籍发给大家,使马克思主义思想更广泛地传播开来。随着党的工作深入开展,王尽美承担的任务也越来越重,他活动的领域不再局限于学校,而是扩大到社会的不同行业,从知识分子到工人阶级,从党内拓展到党外,王尽美逐渐完成了成为职业革命家的角色转变,而此时的他只有23岁。

1922年7月,王尽美以中共济南地方组织代表和曾参加远东各国及民族革命团体第一次代表大会代表的双重身份参加了党的二大。党的二大明确提出反帝反封建的民主革命纲领,指出要通过民主革命实现社会主义和共产主义。王尽美深受激励,积极发展党组织,开展活动。但是,正当革命事业扬帆起航时,不幸却突然到来。1925年初,由于连日劳累,王尽美患上严重的肺病,同年8月在青岛逝世。

1961年,董必武来到山东,时距一大召开已过去四十年。他回忆往事,感慨万千,写下一首《忆王尽美同志》:"四十年

 ★ 信念篇 ★

前会上逢,南湖舟泛语从容。济南名士知多少,君与恩铭不老松。"王尽美去世四年后,他的妻子也病故了,留下的一对幼子靠老母亲抚养。在党组织的关怀下,王尽美的孩子也先后走上了革命道路。

王尽美的一生,是革命的一生,是光辉的一生。他对共产主义事业坚贞不渝、孜孜以求的高贵品质,在艰难困苦面前百折不挠、奋不顾身的革命斗志,永远激励着我们前进。

05 邓恩铭：
永不熄灭的精神火炬

在中国共产党一大南湖革命纪念馆的文物中，有一件床幔特别引人注目，它用丝线绣着蝴蝶等图样，独具少数民族的特色，这件文物的主人便是中共一大唯一的少数民族代表邓恩铭。在党的一大的13名代表中，邓恩铭占据着一大代表的几个"唯一"：唯一来自西部偏远地区，唯一的少数民族，唯一一个中学生。

邓恩铭，1901年出生于贵州荔波一户水族劳动人民家庭。少年进入新式学堂学习的邓恩铭，开始接触新式思想。1918年，17岁的邓恩铭决定辞别家乡，奔赴济南求学，希望寻找一条救国之路。

五四运动后，邓恩铭接触了马克思主义思想，树立了"用共产主义救中国"的信念，并加入了济南共产主义小组。1921年7月，济南共产主义小组经过讨论决定推荐王尽美、邓恩铭二人代表山东参加中国共产党的第一次全国代表大会。在浙江嘉兴南湖那条著名的船上，包括邓恩铭在内的十三名共产党人在这里开会，开创了中国崭新的历史局面。

★ 信念篇 ★

一大闭幕后,王尽美、邓恩铭回到了济南,领导济南革命组织开展革命活动,积极推动山东的革命事业。然而邓恩铭投身革命的活动却是他父母的一块心病。整天为儿子的安全提心吊胆的父母想出了一个绝妙的主意,他们给邓恩铭寄去了一封家书,以邓恩铭已到成家的年龄为理由催促邓恩铭回家完婚。可是让父母没有想到的是,这一次一贯孝顺的儿子一反常态,违背了父母的意愿。在邓恩铭给父母寄回去的家信里,字字句句都是对革命的赤诚之心。看到儿子如此坚决的革命态度,邓恩铭的父母和家里人商量之后,决定拿出撒手锏最后一搏,他们让资助邓恩铭的叔叔切断了他的经济来源以迫使他回头。

而邓恩铭已经成长为一个为理想而执着、因理想而无所畏惧的共产主义战士了。他理解家人的心情,同时他也明白这一切都不能阻止他献身革命,在家人与理想之间,他义无反顾地选择了后者。

参加工作的邓恩铭不仅没有给家里寄钱,反而时常向家里"伸手要钱",全家人就数他花钱最多,这让家人百思不得其解。有一次,邓恩铭外出两个多月,家人收到了他的一封信,可是拆开后却发现是一张白纸。凭着对邓恩铭的了解,家人们猜测这一定是一封不同寻常的信,于是家人们按照家乡制作蜡染的土办法,打了一盆盐水,把信放在盐水里显影,这才看到密密麻麻的字。原来这是邓恩铭的一封求助信,希望家人给他寄钱以支持革命活动,为了保护家人,他采用这种秘密的写信方式。直到这时,家人才明白邓恩铭所有收入的去向,也才了解到，为了保证革命活动的顺利开展，邓恩铭还经常典当衣服和家当，用以补贴活动经费。在邓恩铭的精神感召下，家人开始渐渐理解了邓恩铭的革命选择，不仅没有责怪他没有照顾家庭，反而时常给他提供经济援助，帮助他开展革命活动。

邓恩铭在革命生涯中一共被捕过三次，前两次都因为组织和家人的全力营救而化险为夷。但第三次由于多年的牢狱生活和长期为革命奔波，邓恩铭本就严重的肺病更加恶化，再加上敌人的终日折磨，让这位30岁的壮年人只能终日躺卧，无法行走。然而，残酷的敌人和恶劣的环境却摧毁不了这位坚定的共产党人的革命信念，他向狱友们传播共产主义思想，秘密地在狱中恢复了党组织，还积极策划越狱行动。

1929年7月21日，在邓恩铭的指挥下，18位同志越狱成功。邓恩铭由于行动不便，只能让狱友背着突围，最终未能脱险。1931年4月5日，年仅30岁的邓恩铭英勇就义，为中国革命、为共产主义伟大事业献出了宝贵的生命。他像火炬一样，即使身患重病，身陷囹圄，依然用坚定的信念为后来人照亮前进的道路。

06 顾正红：
工人阶级的先锋战士

今天的江苏省滨海县正红镇，建有一座普普通通的农舍，这座农舍就是英雄烈士苏兆征的故居。故居内的遗物和遗照，向后人昭示着烈士平凡而伟大的人生，激励着我们为民族复兴不懈奋斗。五卅运动掀起了中国大革命的高潮，在中国共产党和中国人民革命斗争史上写下了光辉的一页，而工人阶级的先锋战士顾正红的牺牲正是这场运动的直接导火索。

顾正红，1905年出生于江苏阜宁的一个贫苦农民家庭。后因家乡发洪水、闹饥荒，顾正红一家迫于生计来到上海。顾正红18岁时，进入日本资本家开办的内外棉九厂当工人，后又进入内外棉七厂。工厂里奴隶般的高强度劳动以及帝国主义资本家的欺辱压榨，在顾正红心里深深播下民族仇恨的种子，打上了不可磨灭的阶级烙印。

1924年，顾正红加入了沪西工友俱乐部。沪西工友俱乐部的建立，为党在沪西地区开展工人运动创造了条件。在那里，顾正红接触到了邓中夏、恽代英等共产党人，聆听他们的演讲，接触到许多以前没有听说过的革命思想。革命思想的熏陶，使他的革命热情日益高涨，他深刻认识到：要推翻帝国主义资本家的欺辱压榨，靠个人的力量是远远不够的，要在中国共产党的领导下，团结所有同命运、共患难的工人阶级兄弟共同斗争，才能争取到工人阶级的解放和新生。

1925年2月，二月大罢工爆发，二十二家日商纱厂工人参加罢工，人数达三万五千多人。这次大罢工为五卅运动拉开了序幕。顾正红在二月大罢工中，积极加入工人纠察队和罢工鼓动队，向群众宣传罢工的重要意义，号召工人团结一致、积极斗争。顾正红的父亲担心顾正红和工友们的安危，劝告他不要抛头露面惹出事端，顾正红根据党的指示和大罢工的亲身体会，对父亲说："大家团结起来力量就大了。"二月大罢工使顾正红又一次经受了严峻的考验，他的政治觉悟进一步提高，而后光荣地加入了中国共产党，成为工人阶级先锋队的一员。

二月大罢工后，工会组织的力量日益壮大，工人运动热情不断高涨，对此，1925年5月15日，日本资本家宣布内外棉七厂停工，不准工人进厂。顾正红率领工人冲进工厂要求复工和发工资，高呼："反对东洋人压迫工人！"日本资本家凶狠地朝顾正红开枪，子弹击中他的小腿，他忍着伤痛振臂高呼："工友们，大家团结起来，斗争到底！"敌人再次开枪，击中他的小腹。他紧紧抓住身旁一棵小树，顽强挺立。敌人的刽子手又向他连开两枪，并用刀猛砍其头部。顾正红遭到日本人杀害，燃起了上海工人的反帝怒火。5月30日，上海爆发了声势浩大的反

帝大示威。示威遭到英租界巡捕的开枪镇压，这就是震惊中外的五卅惨案。五卅惨案发生后，在中国共产党的领导下，上海总工会宣布成立，并组织了全市总罢工、总罢课、总罢市，沉重打击了帝国主义。

年轻的顾正红，在这场群众运动中牺牲了宝贵的生命，他是这场伟大的群众运动中的"工人先锋"，他的英名也因五卅运动而被载入中国近代史册。

07 邓培：
名垂青史的工人运动先驱

1883年，在广东三水（今广东省佛山市三水区）一户贫苦的农民家庭里，一个男孩降生了。他的家人为贫穷所困，父亲为了生计远赴美国当苦力，不幸累死于异国他乡。这个命运多舛的孩子，14岁时就不得不背井离乡，来到天津当学徒工。当学徒工的那段日子，他饱尝辛酸，每日忍受着老板和包工头的虐待。然而，悲惨的生活没有压弯他的脊梁，反而将他淬炼成了中国早期工人运动著名的活动家。他的名字叫邓培。

三年学徒期满后，1901年，邓培进入唐山修车厂做工匠。五四运动爆发后，邓培在工人中建立了爱国群众组织——职工同人会和十人团，发动工人罢工、商人罢市、学生罢课，举行游行示威，掀起了唐山地区的反帝爱国运动。邓培经常到北京去，1920年，邓培就同李大钊、邓中夏建立了联系。1921年，邓培领导建立了唐山社会主义青年团组织。后参加中共中央在上海召开的会议，讨论发展工人运动问题。1922年1月，邓培以中国工会代表的身份出席了在莫斯科召开的远东各国共产党

 ★ 信念篇 ★

及民族革命团体第一次代表大会。他在会上介绍了中国铁路、矿山工人罢工的情况。列宁在克里姆林宫接见了邓培等中国代表，并进行了交流。列宁握着邓培的手，说："铁路工人运动是很重要的，在俄国革命中，铁路工人起过重大的作用。在未来的中国革命中，他们也一定会起同样的或者更重大的作用。"

1922年，邓培出任中共唐山地方执行委员会书记，领导发动了唐山工人三次大罢工。9月，唐山铁路工人提出了改善待遇等五项要求，邓培作为代表向唐山铁路局交涉。但铁路局方面不仅拒绝了工人的要求，还以警察厅的名义发出布告，禁止工人集会结社。于是，愤怒的工人们成立了罢工委员会，开展罢工斗争，并建立了一千多人的纠察队，以维持罢工秩序。然而，铁路局收买了工贼，这些工贼不仅破坏罢工活动，还勾结军警镇压工人罢工。但工人们不畏强权，坚持罢工八天，终于迫使铁路局接受了工人提出的大部分条件。

接着，开滦五矿工人向开滦矿务局提出增加工资、改善待遇等要求。但矿务局的英国资本家指使保安逮捕了六名工人代表。工人们没有退缩，而是举行了四万人参加的五矿同盟总罢工，以回应资本家。帝国主义资本家和中国反动当局沆瀣一气，狼狈为奸，屠杀工人群众。工人们坚持斗争二十多天，使整个开滦煤矿陷于完全停顿的状态，给资本家和反动当局以沉重的打击。

1926年，邓培作为全国铁路总工会总代表兼任驻广东办事处主任，到广州工作。在广州工作期间，邓培积极领导铁路工人开展革命斗争，对促进广东境内铁路工会组织的巩固和发展起到了重要作用。1927年，国民党反动派在广州发动了反革命政变，搜捕进步团体、共产党人和革命者。当时邓培在中华路（现解放路）上的全国总工会广东办事处，不幸被逮捕。他在狱中坚贞不屈，被穷凶极恶的敌人秘密杀害，终年44岁。

08 林伟民：
早期中国工人运动的卓越领袖

"哪里有压迫,哪里就有斗争;哪里有剥削,哪里就有反抗。"这句话形象概括了早期中国工人运动的领袖林伟民的一生。林伟民,1887年出生于广东香山(今广东省珠海市)的一个贫苦的农民家庭。20岁时,他到香港外国船上当杂役,从此开始了他的海员生涯。这段海员生涯,让林伟民切身体会到了无产者生活的悲惨,他每天连续工作十六七个小时,每小时工资还不足十元,就连这点微薄的薪水,还要被包工头克扣。除了经济上的压榨,他还要忍受外国人的歧视,对帝国主义和外国资本的痛恨在他心里悄然滋长。他受孙中山的影响,加入了中国同盟会,经常冒着生命的危险,协助革命党人购买和运送军火。俄国十月革命的胜利,为中国传来了马克思主义,林伟民从这个时候起,开始接触马克思主义的革命书刊。

从1921年起,香港海员先后三次向轮船资本家提出增加工资、改善待遇等要求,但均被无耻的资本家们拒绝。工人的权益不是资本家恩赐的,而是自己争取来的。1922年1月,林伟民与苏兆征等人领导香港海员首次举行大罢工，震惊中外。在海员罢工的同时，林伟民还联合其他工人举行同盟罢工。罢工发挥了巨大的作用，一时之间，香港日常物资供应几乎断绝，一百多艘轮船停泊在海面上动弹不得。香港当局看到了工人阶级释放出来的巨大能量，直呼此次工人罢工是要"陷本殖民地生命于危险之境"。林伟民负责与香港当局及外国资本家进行谈判，终于为工人赢得了各项权益。

之后，林伟民被派往上海，组织上海海员进行罢工，谋求增加工资、改善待遇等正当合法权益。其间，他的妻子在香港病情危急，家中多次来信希望他回港照顾病人，但他考虑到斗争形势的紧迫性，坚持罢工胜利后才返回香港，然而那个时候他的妻子已经病逝了。

1924年，林伟民代表香港海员工会赴苏联出席国际运输工人代表大会。在苏联期间，经罗亦农介绍，他加入了中国共产党，成为中国远洋海员中的第一个共产党员。自此以后，他更加坚定了自己要为共产主义事业奋斗终身的理想信念。

林伟民始终关注着他的家乡广东的工人境遇。1924年的广东，物价飞涨，盐船工人的基本生活陷入了困境，于是盐船工人向盐商提出增加运费的要求，但万恶的盐商勾结两广盐运使邓泽如压制盐船工人的合理诉求。林伟民承接了为民请命的重担，领导盐船工人进行斗争，宣布罢工，最终盐商被迫接受了工人们的请求。

 ★ 信念篇 ★

1927年,国民党当局发动了反革命政变,广东的白色恐怖严重,反动派到处搜捕共产党人。不幸的是,林伟民腿部的旧疾骨结核病恶化。广东的盐船工人,那些他曾经为之奋斗的无产者,主动捐款为他筹措医药费。但遗憾的是,经医院医治无效,林伟民还是病逝了,年仅40岁。

09 苏兆征：工人运动的杰出领袖

1922年1月12日，香港的轮船资本家们再次收到了一份在他们看来无理的要求——提高中国海员工资和改善中国海员待遇。这是一群社会地位低下的中国海员第三次向他们提出这种"无理"的要求了。但是所有的资本家都选择了置之不理，因为在他们的眼里，这些长期被压迫的中国海员是不具备任何威胁的。然而，让他们万万没有想到的是，就在当天下午，这些社会地位低下的中国海员们吹响了罢工的号角。其中为首的是一名叫苏兆征的中国海员。究竟是什么原因掀起了这次罢工的怒潮呢？

二十世纪初的中国香港，中国海员是个工薪极低、备受歧视的群体。他们不仅要受到外国资本家和封建包工头的残酷剥削，还要遭受帝国主义者的压迫和歧视。中国海员和外国海员做着同样的工作，但中国海员的工资待遇却不及外国海员的五分之一。而且中国海员在忍受沉重的经济剥削的同时，还要忍受精神上的歧视与凌辱。对帝国主义的仇恨使苏兆征反对帝国主义的念头逐渐强烈，也坚定了他与帝国主义资本家斗争到底的决心。

★ 信念篇 ★

省港罢工

苏兆征出生于广东香山（今广东省珠海市）的一个贫困家庭，他18岁时经人介绍到一艘外国轮船上当杂役，受尽压迫和奴役，他深知中国海员的疾苦。后在孙中山的影响下，他于1908年加入同盟会，积极参加革命活动。受到俄国十月革命的影响，经历丰富的苏兆征逐渐认识到革命的真谛，增强了组织起来反抗斗争的意志。1920年，苏兆征在中国海员中积极活动，组建了"中华海员工业联合总会"来维护工人们的权益。

1922年1月，香港中国海员为反对英国资本家对中国工人奴隶般的压迫，要求增加工资，在苏兆征等人的领导下，全面发起了震惊中外的"香港海员大罢工"。苏兆征在罢工中意识到，如果想要取得最后的胜力，还必须要得到更多的工人兄弟和人民群众的支持才行。于是，他们又与运输工人、码头工人、仓库搬运工人一起联合罢工。罢工人数越来越多，罢工怒潮猛烈冲击着英帝国主义和资本家，也让他们使出了卑劣的手段。当局派出名流士绅用金钱收买"海员总会"的代表苏兆征，让他停止这次罢工运动，却被苏兆征义正词严地回绝了。

资本家们见用一厢情愿的拙劣表演换来的却是一次一次彻底的失败，恼羞成怒，决定用武力来镇压，并制造了惨无人道的"沙田惨案"。但是这场屠杀没有吓退苏兆征，他和工友们不惧牺牲，团结起来誓与帝国主义斗争到底，不达目的决不罢休。当局最终无计可施，只好请求当时的广东国民政府出面劝说工人复工。工人们的坚持终于得到了回报，当局和轮船资本家迫于形势不得不向工人们屈服，答应他们增加工资，减少工头的中间剥削，抚恤"沙田惨案"的死者家属，赔偿伤者医药费，恢复被取缔的工会，释放被捕工人等基本要求。坚持了56天的"香港海员大罢工"胜利地落下了帷幕。

在海员罢工的斗争中，中国共产党对罢工斗争工作始终给予大力支持与指导，这使苏兆征非常感动，他认识到中国共产党是能为工人阶级谋利益的革命党，于是决心跟党干革命。1925年，苏兆征参加了中国共产党，从此成了一名英勇的无产阶级先锋战士。

除了香港海员大罢工之外，为了抗议帝国主义屠杀我国同胞的罪行，苏兆征还领导了举世闻名的"省港大罢工"，再

次打击了帝国主义的势力。苏兆征不为英国殖民者的高压政策所动摇,也不为资本家的甜言蜜语所迷惑,坚定沉着,机智果敢,紧紧依靠广大中国海员,领导罢工取得了胜利。苏兆征维护了广大工人的人格与尊严,在中国工人运动史上留下了光辉一页。

10 徐特立:"风暴海燕"

他是毛泽东的老师,被毛泽东称为"永远的先生"。他加入中国共产党后,更是以57岁的年龄参加长征。他就是徐特立,毛泽东眼中"坚强的老战士"。

徐特立

徐特立，1877年2月生于湖南善化（今湖南长沙市长沙县）一个贫苦农民家庭。1906年，他在湖南宁乡师范学校毕业后，受聘到长沙周南女校工作，从此开启了他的教师生涯。1907年，徐特立在长沙修业学校做关于清政府签署屈辱条约的时事报告时，讲到激愤之处，他热泪如倾，竟砍掉自己左手小指，蘸着血写了抗议书。徐特立"抽刀断指"的举动，使得他被誉为"最有血性的爱国主义者"，蜚声湖南，名扬全国。那时的徐特立依然笃信教育救国的理念，他的品德、学识与爱国热情对毛泽东等许多有志救国的学子产生了深刻的影响。然而，国家屡弱、民生凋敝的现状，却让徐特立的内心饱受煎熬。徐特立回忆时说过："我们年轻时遇到的是国家存亡问题，我参加戊戌变法和辛亥革命都没有什么了不起的结果。我立志教育救国。"1926年冬，中国共产党领导的农民运动迅速在全国兴起，湖南的农民运动也随之轰轰烈烈地开展起来。1927年春，徐特立回到家乡湖南省长沙县，看到了一番新景象：混乱黑暗的社会经过农民运动的冲洗，已然呈现出一片光明。徐特立的大儿子徐笃本积极投身农民运动，并且加入了中国共产党。徐特立所创办的小学的师生也踊跃参加农民运动，女学生把长辫子剪成了齐耳短发，和男学生一起与土豪劣绅斗争。徐特立回忆说："我下乡住一个星期，使我从18岁到50岁以来的思想，整个革了命。"家乡的巨变深深触动了徐特立，他看到了农民运动的巨大力量，并主动要求到农会工作。

1927年，国民党反动派发动了反革命政变，大批共产党人和革命群众遭到疯狂屠杀,中国共产党面临着成立以来最危急、最艰困的形势,很多人对共产党人避之犹恐不及,共产党党内也有一些人背叛革命和脱党。已经50岁的徐特立却在国民党右派"宁可错杀一千,不可放过一个"的叫嚣中从长沙赶赴武汉寻找共产党的组织。他的一个朋友曾在汉口遇到他,对他说:"现在革命失败了,你还来干什么,给你一点钱,你快走吧。"徐特立的回答是:"革命成功的时候,多一人少一人无所谓。正是因为革命失败了,我们才得干,逃跑算什么。"他在武汉没有找到党,又回到长沙,终于找到了刚卸任的中共湖南省委书记李维汉。经李维汉介绍,徐特立加入了中国共产党。在革命失败,胆小鬼纷纷脱党、投机分子相继叛变的情况下,徐特立加入了中国共产党,这对敌人是一个示威,对叛徒是一个打击,对同志是一个极大的鼓舞。

徐特立选择了信仰,并坚守了信仰。1934年,已经57岁的徐特立参加了长征。一路上,徐特立经常将马让给伤员,两万五千里长征,徐特立骑马不过两千里。行军路上,徐特立一边宣传党的思想,一边教战士文化知识,精神矍铄,乐观积极。因此,在长征结束,徐特立到达延安时,朱德专门为他寄了一封题为"你是一个老怪物"的贺信,信中称赞徐特立是教育家,是革命家,是无产阶级革命的老战士。1949年,72岁高龄的徐特立又为自己制定了二十年的工作计划,决意为新中国革命史的编撰、文化教育等工作再出一份力。

徐特立以年逾半百之躯在革命低潮时期毅然加入中国共产

党，身经南昌起义、红军反"围剿"斗争、两万五千里长征、敌后抗日根据地建设、人民解放战争和新中国建设，一直像在风暴中迎风飞翔的海燕一样坚守自己的信念。毛泽东这样评价徐特立："革命第一，工作第一，他人第一，你是坚强的老战士，是我永远的先生。"徐特立于1968年去世，享年91岁。

11 杨闇公：宁死不屈的"马掌铁"

1916年早春的一个傍晚，江苏南京军官教导团的宿舍里突然闯进来一批北洋军阀士兵，对教导团的学员们逐个搜查。就在这时，一个身形瘦弱的青年人迅速穿窗跃出，翻过围墙，跳下陡岩，向着江边跑去。后有追兵紧逼，前有大江阻拦，危急关头年轻人跳进了一艘渔船，向芦苇深处划去。这一幕是共产主义运动先驱、重庆革命领袖杨闇公在反袁世凯的斗争中机智脱险的场景。这一年，杨闇公18岁。这次为革命历险的经历在他短暂的一生中，不是第一次，也不是最后一次。

杨闇公

★ 信念篇 ★

杨闇公，1898年出生于四川潼南（今重庆市潼南区）的一个殷实的大家庭。这是一户满门英烈的革命大家庭。在父亲杨淮清的教育和支持下，杨闇公先后有十二位兄弟姐妹投身于中国共产主义革命的洪流中，他们为中国革命和社会主义建设建立了不可磨灭的功勋。

杨闇公，排行第四，被人称为"四犟仔"。人们之所以觉得他"犟"，是因为他从小就表现出对封建主义的反叛，对信仰的坚定和对立场的执着。在杨闇公8岁那年，他发现一位学友的大白扇上密密麻麻地印满了小字，借过扇子来一看，不禁怒不可遏，高声斥道："国耻，国耻，莫大的国耻！"说着便将纸扇狠狠地掷在地上摔烂。原来，那扇面上印着帝国主义国家强迫清政府签订的一个不平等条约，帝国主义国家借此宣扬他们的罪恶侵略行径。学友们被杨闇公的举动震住了，只见杨闇公接着说："扇子被我摔烂了，我照价赔偿。但这种辱我中华民族的洋货，今后大家决不能用，也决不能要！"小小年纪的杨闇公就有如此爱国之心和反帝意识，让族里、乡里都对他另眼相看。

从小就坚决与封建礼教抗争的杨闇公做出了许多让人称奇的事情，如他在茶馆当众剪掉族长的辫子，为病弱的老妇人主持公道等。同样开明爱国的父亲杨淮清预见四儿子将来必成大事，便将14岁的杨闇公送往上海，寻求救国之道。1913年，杨闇公进入江苏南京军官教导团学习。在这里，他接受了民主先进思想，开展反袁世凯的进步活动，于是就出现了开头那一幕。

杨闇公之后在东渡日本的两年时间里，接触到马克思主义思想，受到俄国十月革命的影响，积极从事共产主义革命活动，数度历险，两次身陷囹圄。然而，这更加坚定了他对共产主义的信仰。回国后，杨闇公会同吴玉章等组建重庆地区的早期党组织——中国青年共产党，这是西南地区最早的以马列主义思想为指导的共产主义党派，从此共产主义的星星之火开始在偏远的川渝顺势燎原。其实，那时候中国共产党已经在上海正式成立，只是因为地理位置偏远的西南，信息相对闭塞，杨闇公和战友们都不知道上海的事情。但不久后他们就与中国共产党取得了联系，解散了中国青年共产党，正式加入了中国共产党，并在国共合作时期领导了川渝地区的国共合作，开展反帝反军阀斗争，掀起了川渝大革命高潮。

1927年，重庆爆发三三一惨案，反动军阀撕下了伪装，背叛了国民革命，向革命群众和共产党人举起了罪恶的屠刀。不久，杨闇公不幸被捕。反动军警用尽各种方式审讯他，但杨闇公拒不透露党的秘密。他大义凛然道："你们只能砍下我的头，可绝不能丝毫动摇我的信仰。我的头可断，志不可夺！"穷凶极恶的敌人在行刑前，残忍的用刀割去了他的舌头，挖去了他的双眼，砍断了他的双手，向他连发三枪，杨闇公壮烈牺牲，终年29岁。

自称"旧社会的叛徒，新社会的催生者"的杨闇公在生命的最后一刻，用自己的青春热血，又一次向世人昭示了"人生如马掌铁，磨灭方休"的共产主义坚定信仰。

12 | 罗亦农：
慷慨赴死的"拼命三郎"

1928年4月15日，刚刚处理完公务的邓小平走出了中国共产党位于上海戈登路的组织部秘密机关，一向警觉的邓小平从周围的细微环境中察觉到了一丝异样。然而，还没等他做出反应，几个巡捕抢在他之前封锁了秘密机关的后门，正在秘密机关等待与山东代表接头的中共中央组织部部长罗亦农遭到了抓捕。几天后，正在积极想办法营救罗亦农的党组织得知了一个噩耗，国民党在确定罗亦农中共中央政治局委员和组织部部长的身份后，将罗亦农秘密杀害了。

或许早在1921年罗亦农踏上去莫斯科的火车那一刻起，他就做好了为革命牺牲的心理准备。虽然罗亦农从小家境富裕，但他并没有安于享乐，而是对资本家刻薄对待工人和底层劳动人民生活困苦的现实极为愤慨。在革命洪流不断高涨之时，他立志：即使前方危险重重，也要用自己的实际行动为争取工农阶级利益，为革命的前行尽一份力。这一次的苏俄之行让罗亦农找到了儿时理想的归宿，他义无反顾地加入了中国共产党。

尽管当时的中国共产党还如婴儿一般稚嫩，但他清楚，共产党反对专制、联合工农为民请命的革命主张，必将为这个年轻的政党带来光明的前途。

罗亦农（左二）

1925年，年仅23岁的罗亦农回到了祖国。怀着对革命事业的满腔热情，他成了不怕死、不要命的"拼命三郎"。在全国革命运动中，他总是走在队伍最前端的那一个；在底层的民众中，他总是在群众中慷慨演讲的那一个；在报纸传单上，他总是对时局剖析绝不掩饰的那一个。

1925年5月1日，罗亦农以国际代表的身份参加了在广州举行的全国第二次劳动大会，在会上罗亦农就"五一国际劳动节"的含义进行了演讲。那时的国人还不曾知晓这个时常被

现在的我们挂在嘴边的节日。那时的"劳动节"已经走过了三十六个年头。在这三十六年中,国际上涌现了无数的为争取工人合法权益而奋斗牺牲的战士,他们的骨肉可堆积成山,他们的血可汇聚成海,这些工人战士的事迹唤醒了到场的近两万名各界代表。他们的觉醒也让广州发展成为当时全国工人运动的前沿阵地。民心所向的中国共产党的迅速壮大令当时的统治者国民党感受到了威胁。

1927年4月12日,以蒋介石为首的国民党反动派在上海发动四一二反革命政变,中国共产党遭受到了惨痛的创伤,党的革命工作由地上转移了地下。不怕死的罗亦农保持着清醒的认识,他深知成就革命的道路是曲折漫长的,在白色恐怖的威胁下,只能另辟蹊径,重新振作,只要还有一个共产党员存在,革命的步伐就不会停歇。罗亦农奔忙于祖国各地,通过有效地联络组织,让农村的革命工作和城市的地下工作有条不紊地发展壮大。

1928年4月14日,回到上海的罗亦农接到与地方代表接头的任务,想到自己与位于上海戈登路的组织部秘书何家兴及夫人相熟,他决定第二天前去戈登路。然而,他却不知道正是那对相熟夫妻的叛变让他的革命理想只能交由其他的同志去延续。4月15日清晨,罗亦农早早来到了机关所在地,在与何家兴夫妇寒暄几句后,他到办公地与邓小平处理公务。此时,何太太贺稚华让丈夫出门打热水,这一打就打来了邓小平在屋外看到的巡捕。

在罗亦农被捕之后，国民党反动派对他进行各种严刑拷问和威逼利诱，企图从罗亦农口中得知党组织的核心机密。拷问了罗亦农六天后国民党反动派一无所获，他们终于失去了耐心。4月21日黄昏，罗亦农被秘密押出牢房，他昂首阔步，从容步入刑场。他带着对革命的无限眷恋，慷慨赴难，留下了一首为了党和人民伟大事业不怕牺牲的绝命诗："慷慨登车去，相期一节全。残躯何足惜，大敌正当前。知止穷张俭，迟行笑褚渊。从兹分手别，对视莫潸然。"

13 萧楚女：燃烧生命，璀璨新世界

"一个人从生以后一直到死，都做对人民有益的光明正大事，虽然肉体死去，而精神是不灭的。""人生应该如蜡烛一样，从顶燃到底，一直都是光明的。"这正是萧楚女一生的写照。他立志传播马克思主义火种，不仅要用革命思想的光辉照亮自己，同时也要照亮身处黑暗旧中国的劳苦大众。

萧楚女，原名树烈，1893年出生于湖北汉阳（今湖北省武汉市）的一个商人家庭，是中国共产党早期著名的理论家和教育家，无产阶级革命家，中国青年运动的领袖和先驱。萧楚女之所以要改名，与他对人生的选择是分不开的。早在辛亥革命时，他就参加过湖北新军的反清斗争，但遗憾的是革命没有成功，革命党人惨被杀害，被迫流散。为保存革命力量，萧楚女隐藏在乡下，革命失败并没有让他丧失信仰，在这段流亡的日子里，他阅读了许多古今中外的书籍，想从书本中找到一条革命胜利的新路。其中屈原的《楚辞》第一篇《离骚》里有几句诗深深打动了他："朝吾将济于白水兮，登阆风而继马。忽反顾

以流涕兮，哀高丘之无女。"这几句诗表达了屈原感叹世界没有精神信仰的失落之情，这里的"女"既代表着屈原心中的救国人才，又代表着屈原的抱负。读到这里，萧楚女非常同情和理解胸有远大抱负却英雄无用武之地的屈原，联想到自己的现实处境，他感同身受，决心要做二十世纪的革命人才，为这个社会树立起一个信仰的标杆。因为他的家乡是古楚国之地，他便将原来的名字改为了"萧楚女"，以此明志。

五四运动之后，渴望革命的萧楚女开始接触马克思主义。新理论的出现仿佛一支点亮的蜡烛，照亮了他在黑暗中前进的方向，他义无反顾地投身到共产主义阵营，做了一名用笔做武器的革命战士。他也要成为一支燃烧自己、照亮别人的蜡烛，给人送去光明和温暖。

1922年夏，萧楚女加入了中国共产党。同年8月，萧楚女因传播先进思想遭封建势力攻击，他离开湖北前往四川任教，开始了他在四川播撒革命火种的光辉历程。他把课堂当战场，开展斗争，宣传先进思想，把革命的星星之火播撒到学校的每一个角落。他以报刊为阵地，对封建主义和帝国主义口诛笔伐，向民众宣传先进的理论。萧楚女就像一支燃烧的蜡烛，他宁愿牺牲自己，也要将仅有的光亮照亮救国救民的理想前程。

1927年春，国民党反动派向革命者举起了屠刀，在各地制造惨案，萧楚女夜以继日地撰文揭露反动派的罪恶，终因过度劳累，肺病恶化，住进广州东山医院治疗。4月15日，广州发生反革命政变，萧楚女在医院被捕，七天后被国民党反动派秘密

杀害,终年34岁。

萧楚女曾说过:"做人要像火,给人们以光明,以温暖。一人的能力有限,至少也应该像一支蜡烛,在黑暗中照耀别人。"萧楚女正是一支照亮别人的"蜡烛",尽管他燃尽了自己的生命,却让这光亮成为实现共产主义道路中的一束不灭的光芒。至今,他倡导的这种"蜡烛"精神依然激励着一代又一代前赴后继的共产党人。

14 陈延年：革命的"苦行僧"

1927年7月4日晚，国民党反动军警将一位年轻的革命者押赴刑场。这位革命者昂首挺胸，镇定自若，视死如归，敌人喝令他跪下，他巍然屹立，毫不理会。几个行刑的刽子手强行把他按下去，这位革命者一跃而起，再次昂然挺立。他几次被按下，又几次站起。最终恼羞成怒的刽子手们一拥而上把他按下去，用乱刀残忍地杀害了他。这位大义凛然、宁死不屈的革命者就是共产党员陈延年。陈延年牺牲后，敌人惨无人道地将他剁成数块，蒋介石还下令不准有人为其收尸。国民党反动派虽然能够砍断烈士们的躯体，却不能毁灭烈士们的伟大革命精神，更扑灭不了烈士们播下的革命火种。

陈延年是陈独秀的长子，1898年出生于安徽怀宁。胸怀巨大抱负，怀揣救国救民迫切愿望的陈延年，于1920年初来到法国勤工俭学。在法留学期间，他结识一群旅欧的中国早期共产主义者，参加了旅欧中国少年共产党。1923年3月，陈延年受中国党组织委托，到莫斯科东方大学系统学习马克思主义理论、

★ 信念篇 ★

国际共产主义运动和苏俄革命经验。随后，他成为一名正式的中共党员。

1924年，国共两党实现合作，陈延年回到国内，被党中央派往广东工作。这位喝过"洋墨水"的党的干部迅速融入底层劳苦大众的生活中去，与工人同吃同住，丝毫看不出他是留过学的知识分子。

1925年春，中共中央决定任命陈延年为中共广东区委书记。陈延年深知要搞好革命，除了要有一个坚强的战斗司令部，还必须要有自己的武装力量。为此，他已着力培养和训练了一批党的军事干部。早在1924年11月，陈延年和周恩来在征得了孙中山的同意后，就从黄埔军校抽调了一批党员干部，组建了"建国陆海军大元帅府铁甲车队"。它名义上是大元帅府旗下的组织，实际上是广东区委领导的一支革命队伍。后来由铁甲车队全部人员和从黄埔军校再次抽调的一部分学员为骨干，组成了中国近代史上著名的"叶挺独立团"。陈延年不仅参与组建了中国共产党自成立以来领导的第一支正规军队，而且还和邓中夏、苏兆征等人组织开展了震惊中外的省港大罢工。可见，陈延年具有高超的组织才能，毛泽东也称赞陈延年是"不可多得的人才"。

虽然陈延年为革命做出巨大贡献，但是在生活上他绝不浪费一分钱。他冬天只穿一套从苏联带回来的旧粗绒服，夏天穿的也不过是两套灰布衣服，而把省下的钱都交了党费。他被同志们称为革命的"苦行僧"，以致他被捕之后，敌人无论如何也想不到他是中国共产党的一名高级干部。

1927年6月,由于叛徒的出卖,陈延年不幸被捕。审讯的时候,敌人不住地往陈延年身上打量,只见眼前这个年轻人皮肤黝黑,体态敦实,穿着一件破旧不堪的短上衣,两条裤腿则往上翻起来,上面还扎着一根草绳。陈延年自称是受雇到这里做工的,名叫"陈友生"。敌人们拿"升官肯定发财"的观念来看眼前这个榨不出油水的"穷光蛋",猜想他肯定不会是什么大人物,于是在记录本里不经意地写道:"陈友生,被雇佣的烧饭师傅。"

党组织获悉陈延年被捕后,立即组织人员营救,他们了解到陈延年在敌人面前没有暴露身份,敌人也未认出陈延年,就通过疏通办案人员,商定以八百元将陈延年赎出。然而,在此紧要关头,由于叛徒的告密,陈延年的身份暴露了,敌人对他施以重刑,但在这位坚强的共产主义战士面前,任何刑具都是软弱无力的。敌人无计可施,只能下令将陈延年残忍杀害。

15 赵世炎：信仰之火永不灭

1926年，在上海闸北宝兴路的一幢房子里，经常聚集着二三十个工会会员。他们以秘密开会的方式参与一个训练班，凝神静听一个人的讲课。一年后，这支最初只有一百五十支破枪和三颗手榴弹的工人队伍，却打败了三千多名训练有素的北洋军士兵和两千多名装备精良的警察，并取得了上海工人第三次武装起义的完全胜利。这个讲课的人就是时任中国共产党上海区委组织部部长的赵世炎。在训练班上，赵世炎不仅给工人们讲述俄国十月革命的胜利经验和武装起义的战略战术，还向工人代表们阐明了上海工人武装起义的重要意义。

赵世炎，1901年出生于四川酉阳（今重庆市酉阳土家族自治县）。1915年，他考入北京高等师范学校附中。正是在北京读书期间，赵世炎认识了中国早期马克思主义者李大钊，接触并认同了马克思主义，确立了自己共产主义的信仰。1920年，赵世炎赴法国勤工俭学，并于1922年发起组建旅欧中国少年共产党，他任中共旅欧支部负责人。1926年，赵世炎担任中共上海区委组织部部长兼上海总工会党团书记、中共江苏省代理省委书记等职。他经常来往于闸北、南市、沪东和沪西，指挥了上海各工厂数百次的罢工。

1926年7月，反对军阀统治的北伐战争开始之后，上海工人阶级在中国共产党的领导下，由赵世炎担任总指挥，立即行动了起来，举行了声势浩大的集会、游行和罢工，声援北伐。当北伐军向江西推进时，上海区委就开始准备组织上海工人武装起义，而之前一直在负责这方面工作的赵世炎就成为工人武装起义的总指挥之一。但由于时间仓促，准备不够充分，上海工人第一次和第二次武装起义都以失败而告终。两次起义的接连失败，并没有动摇赵世炎革命的决心。在吸取了前两次起义失败的经验和教训之后，周恩来和赵世炎等共产党员于1927年3月21日领导了上海工人第三次武装起义，以一百五十支破枪打败了三千多名北洋军士兵和两千多名武装警察，收缴枪支五千多支，取得起义的完全胜利。

1927年7月2日晚，由于叛徒出卖，敌人暗中埋伏在赵世炎住所周围，想要在他出现时将其包围。赵世炎的妻子夏子栩发现了敌人埋伏后，想提醒赵世炎，于是，她将窗台上用作信号的花盆推了下去。但是，由于风雨太大，花盆的响声并没有引起赵世炎的注意，他不幸被国民党反动派逮捕。赵世炎被捕后，坦然镇定，面对叛徒的指认，理直气壮地承认自己就是共产党员。他自知必死，但仍坚持战斗，把监狱当战场，在狱中的十七天，赵世炎对难友们进行共产主义气节教育。他对共产主义的坚定以及与敌人殊死搏斗的顽强精神，激励着狱中的难友，使难友们增加了斗争的勇气和力量。在杀害赵世炎的前一天夜里，敌人对赵世炎进行了最后一次审讯。此时的赵世炎又是慷慨陈词，又是奋笔疾书，一个小时共写了八张纸的蝇头小楷。这是一篇声讨敌人的檄文，也是一篇革命宣言。赵世炎宁死不屈、视死如归的英勇气概，使反动派感到万分惊慌。1927年7月19日清晨，赵世炎用戴着手铐的双手艰难地整理了一下衣服，从容不迫，镇定自若。他不时地回头扫视难友，坦然地同他们点头告别。面对刽子手的屠刀，赵世炎激昂高呼："共产主义万岁！打倒新军阀蒋介石！工农兵联合起来！"一连几刀，鲜血飞溅，赵世炎却立而不倒，一个坚强伟大的共产主义战士就这样壮烈牺牲了，年仅26岁。

16 卢德铭："三师不换"的共产主义战士

1927年9月，湖南省浏阳文家市的一所小学校里，时任中国共产党中央特派员的毛泽东正在与组织秋收起义的领导开会。毛泽东提出了一个让人震惊的决定——放弃攻打长沙，退守农村。这一决定激起了很多人的反对，"攻打长沙"可是党中央作出的决定，谁敢违抗呢？就在这时，一个军人缓缓站起，用无比坚定冷静的语调投了毛泽东一票："我赞成毛泽东同志的意见。"就是这淡定的一句话，就是这坚定的一票，起到了推动历史的决定性作用，从此改变了中国共产党革命的方向，保存了中国的革命力量，为中国共产党取得最后的胜利奠定了基础。

说话的年轻人名叫卢德铭，是秋收起义的总指挥。这位时年22岁的年轻将领后来被毛泽东称为"拿三个师也不愿意换"的杰出军事人才。卢德铭为何能在中国共产党领导的重要工农革命秋收起义中担任如此重要的职位呢？这还要从他的少年时期说起。

卢德铭，1905年出生于四川宜宾。卢德铭的童年处在兵荒马乱、匪祸横行的动荡年代，8岁那年，他的母亲和大嫂就被土匪绑架走了，后来家里花了不少钱才把他的母亲和大嫂赎回来。这一灾难震撼了卢德铭幼小的心灵，使他萌发了从戎报国的念头。

之后，卢德铭以优异的成绩考入成都公学。在校期间，受到五四新文化运动浪潮的影响，他和当时有志青年一样，努力寻求救国救民的真理，如饥似渴地阅读《中国青年》《新青年》《马克思传》等革命书籍，从中接受了共产主义思想。18岁那年，早就立下了为革命习武从军志向的卢德铭从报纸上看到了广州黄埔陆军军官学校招生的消息，便决心投笔从戎，报考黄埔军校。1924年的春天，卢德铭想方设法地说服了父亲，辞别了家乡，奔赴广州参加革命。在孙中山的帮助下，卢德铭如愿进入黄埔军校。

在黄埔军校学习期间，卢德铭加入中国共产党。随后，卢德铭在对叛乱军阀陈炯明的东征战役和孙中山领导的北伐战争中都有出色的表现，立下了许多战功。然而，革命并非一帆风顺，1927年春、夏却是中国革命史上的严冬，蒋介石和汪精卫发动了反革命政变，对中国共产党进行了围追堵杀。在白色恐怖笼罩下的危急时刻，中国共产党临时中央决定，以行动反抗国民党反动派，走武装夺取政权的道路。

1927年8月1日，周恩来、朱德等人领导的南昌起义向国民党反动派打响了第一枪，在全党和全国人民面前树立起武装斗争的旗帜。8月2日深夜，卢德铭领导的武汉警卫团同时接到两封电报，一封是从南昌发来的，告知南昌已经起义，另一封电报是卢德铭的上司、投靠汪精卫一派的张发奎从九江发来的，命令武汉警卫团星夜出发，到九江待命，准备"围剿"南昌起义。接到电报后，卢德铭深感责任重大，在革命的十字路口该如何选择才能对得起中国共产党的信任，对得起孙中山的栽培，对得起自己的良心，对得起全中国的劳苦大众呢？卢德铭决定响应南昌起义，立即组织兵力前往南昌支援革命。在途中他接到党组织的指示，要求他发动群众，协助毛泽东举行秋收起义。

1927年9月9日，在毛泽东为首的前敌委员会的领导下，秋收起义爆发了。但由于国民党反动力量的强大，秋收起义队伍遭受很大的损失。危急关头，毛泽东召开前敌委员会会议，在卢德铭的支持下做出放弃占领中心城市长沙的决定，建立农村革命根据地，以农村包围城市，最后夺取城市的战略方针，也确定了中国革命道路的正确方向，这是中国革命史上的新起点和里程碑。

1927年9月23日，卢德铭在部队转移过程中，为了掩护同志壮烈牺牲，年仅22岁。他用生命和鲜血保护了一大批革命火种，在中国革命史上谱写了光辉的篇章。

17 张太雷：
震碎旧世界的惊雷

1990年，天津大学在整理校史资料时，发现了一张未被领走的毕业证书，证书的主人叫张曾让，毕业时间是1920年6月。在那个年代，这张名牌大学的文凭一定会给这个叫作张曾让的学生带来一份稳定的、收入不菲的工作。但这个叫张曾让的毕业生为什么没去领自己的毕业证，当时的他干什么去了，他究竟是谁？

人们对张曾让这个名字可能不太熟悉，但他的另一个名字却在中国共产党史上留下了深刻的印记，那就是优秀的共产党员张太雷。

张太雷，1898年出生于江苏武进（今江苏省常州市武进区），原名曾让，投身革命后，改名太雷。他自小家境贫寒，八岁丧父，一家人靠母亲帮佣的微薄收入为生。张太雷从小勤奋上进，考入了北洋大学（今天津大学）法科。与富家子弟相比，大学毕业对家境贫寒的张太雷来说意义重大，承载着他改变个人和家庭命运的希望。因此，入学之初，张太雷就立下了明确的人生目标：毕业后做律师，升官发财，然后娶妻生子，好好孝顺寡母。1918年暑假，张太雷遵照母亲的意愿，回到家乡成婚，下一步就静等毕业后找到一份优越的律师工作。在那时，有着北洋大学的文凭，找工作自然不愁，一切都在朝着好的方向发展。张太雷的母亲看到儿子能成家立业，感到非常欣慰，自己的儿子有出息，给张家带来了新的希望和未来。但她却不知道，自己的儿子此时已经选择了另外一条伟大而又充满艰辛的道路。

在读大学期间，张太雷了解到了俄国的十月革命，并从书中深受马克思主义教育的影响，便毅然改变了他的人生选择："做人要整个儿改，我以后不到上海当律师了。国家兴亡，匹夫有责，只有走十月革命的道路才能救中国。"为了追求革命理想，他将自己的学名张曾让改为张太雷，寓意"愿化作震碎旧世界的惊雷"，示意坚定的共产主义信仰。此时，北洋大学这所名牌学校的毕业文凭对于张太雷来说已经没有那么重要了，他担负起了另外一个神圣的使命，即救国救民。一边是母亲期望、家族重托，温馨富足的生活，一边是前路曲折渺茫、祸福未卜的共产主义事业，张太雷毅然决然地选择了后者。1920年，张太雷加入北京共产主义小组。1921年春，张太雷受中国共产党上海发起组的委托，赴共产国际远东书记处任中国科书记，从事共产国际与中国共产党之间的联系工作。1921年7月12日，在莫斯科举行的共产国际第三次代表大会的讲台上，首次出现了中国人的身影。作为中国共产党派往共产国际工作的第

★ 信念篇 ★

一个代表，张太雷正式向大会作报告，这是中国共产党员第一次出现在国际共产主义运动的舞台。

1927年，四一二反革命政变发生后，张太雷也是被通缉者之一，他转移到广东担任省委书记。广州是华南最大的城市，当时在广东地区，国民党反动军队内部互相争权夺利，使他们暂时放松了对革命力量的镇压。于是，党中央决定在广州举行武装起义。12月11日凌晨2时许，张太雷同叶挺、恽代英和工人赤卫队的代表一起乘车前往教导团驻地，在那里，召开了誓师大会。凌晨3时许，随着几声枪响，广州上空升起一排信号弹，震惊中外的广州起义开始了。12月12日午后2点钟，张太雷身着戎装，精神焕发地走进原广州警察局的会议室。在那里，他以洪亮的声音宣布广州苏维埃政府成立了，这是中国共产党在大城市内通过武装斗争建立的第一个红色政权。当张太雷得知国民党军队正向起义军总指挥部反扑的消息后，他不顾个人安危，前往总指挥部去指挥战斗。当张太雷的汽车开到大北直街附近的时候，突然一阵枪响，在此埋伏的敌人的子弹雨点般地射过来，张太雷不幸中弹，倒在了车内。这位年仅29岁的起义领导人英勇地牺牲了。

张太雷没有留下太多遗物，所幸还有一封家书被他的家人小心翼翼地保存了下来。这封信是张太雷家书中仅存的一封，是1921年张太雷赴俄国前夕写给妻子的。信里写着："我立志要到外国去求一点高深学问，谋自己独立的生活。我先前本也有做官发财的心念……但是我现在觉悟：富贵是一种害人的东西。……我们现在离开是暂时,是要想谋将来永远幸福,所以你我不必以为是一件可忧的事。"一张无主的毕业证书,代表了张太雷在小我与大我的角逐中,毅然放弃了金钱名利,选择了无悔信仰。

18 周文雍、陈铁军：刑场上的婚礼

"让刑场作为我们结婚的礼堂，让反动派的枪声作为我们结婚的礼炮吧！"这是电影《刑场上的婚礼》中的男女主人公在牺牲前慷慨激昂的高呼声，也是男女主人公之间的第一次爱情告白。这个故事的人物原型就是为了革命而献出生命的周文雍、陈铁军夫妇。

1927年，广州发生"反革命政变"，国民党军警对共产党组织的活动基地实行大搜查，全城处于"白色恐怖"之下，为了逃避追捕，当时担任中共中山大学党支部委员、中共广东区委妇委委员的陈铁军秘密回到了老家佛山。家人劝说陈铁军放弃革命，并为她安排了美好的前程，但是陈铁军想到了尚处于水深火热的广大同胞，她还是毅然投入到革命的洪流中去。

不久，陈铁军接到了中共广东省委的通知，到香港去接受任务。8月，她受命给广州起义工人赤卫队总指挥周文雍当助手。为了避免怀疑，他们奉命以夫妻的身份，开始建立秘密联络机关。在这个新组建的"家庭"中，周文雍和陈铁军一直

保持着纯洁的同志关系。对于富裕家庭出身的陈铁军来说，穷学生出身的"丈夫"那忘我的革命斗争精神，不自觉地吸引了她。不过，这一切都在激烈的革命斗争中被压抑了下去，他们深知自己肩负着为革命奋斗的神圣使命，不能因为儿女私情而耽误了伟大的共产主义事业。

在革命斗争中，二人相互扶持，情愫暗生，但是革命的信念一直扎根在他们的心里，因此他们都没有捅破那层窗户纸，对感情保持了沉默。1928年春节期间，因为叛徒的告密，二人被捕入狱。其实，陈铁军本是有机会脱险的，那么是什么让她选择了放弃脱险的机会呢？

因为她打算把生存的机会留给周文雍。陈铁军留在阳台上利用仅剩下的时间搬动阳台上的花盆，向正准备进家门的周文雍发出逃跑的信号，遗憾的是周文雍并没有发现陈铁军的这个暗号，像往常一样跨进了家门。就这样，陈铁军、周文雍双双被捕。两人早就做好了为信仰而牺牲的心理准备，陈铁军坦然道："为了革命，为了救国救民，为了共产主义伟大事业而牺牲，我们一点也没有感到遗憾。"

被捕后，周文雍在威逼利诱之下毫不动摇，反动军警就用灌辣椒水、坐老虎凳、插指心等酷刑进行逼供，遍体鳞伤的周文雍绝不透露任何信息，并在监狱的墙上题写了一首《绝壁诗》："头可断，肢可折，革命精神不可灭。壮士头颅为党落，好汉身躯为群裂。"丝毫不为自己的处境担心的陈铁军，在受审时也毫不畏惧，她唯一担心的是自己那身受苦难的革命"丈夫"。由

于在这对顽固的"共产党夫妻"身上得不到其他共产党员的一丝线索,敌人气急败坏,决定将他们公开处决。

当敌人问周文雍在临死之前还有什么要求时,周文雍提出了要和陈铁军合张影的愿望,于是就有了两人在监狱铁窗前的合影。这是他们坚贞爱情的信物与见证,也成了历史的经典镜头。

2月6日下午,周文雍和陈铁军被押赴刑场。敌人害怕刑场被劫,沿途戒备森严。陈铁军站到周文雍的身旁,轻缓而坚定地说了一句:"我们要同生共死!"这就是流传后世,悲壮山河的刑场上的婚礼,也是全世界绝无仅有的特殊婚礼。

这对夫妇就义时,陈铁军24岁,周文雍23岁。两人在共同的革命斗争中产生了爱情,但一直被他们埋藏在心底,直到为党的事业献身的最后时刻,直到他们直面敌人的子弹时,他们才将埋藏于心底的爱情公布于众。在他们短暂的生命中,革命的信仰、民族的未来早已胜过了他们自己的生命,不畏酷刑,不受利诱,只是为了追求他们心中执着的共产主义的理想。他们用年轻的生命写下了被世人所称颂的爱情诗篇。

19 | 夏明翰："誓将真理传人寰"

1918年的一天,在湖南省衡阳县湘江东岸的一个地主大院的小屋里,一个十七八岁,戴着眼镜,书生模样的年轻人正在用斧子不断地砍这屋内的窗户。他急切地想逃离这里,因为前几天他把祖父一件心爱的"宝贝"给撕碎了,那"宝贝"是直系军阀吴佩孚送给他祖父的一副对联。在他祖父眼中,这副对联是极为珍贵的军阀的"庇护符"。这个年轻人的行为彻底把祖父给惹火了,祖父将他锁进了屋内"悔改",才有了这一幕。

这个年轻人名叫夏明翰,1900年出生于湖北秭

夏明翰(右)

归。夏家家世显赫，堪称当地的名门望族。是什么让他毅然决然地与封建家庭决裂，放弃优渥的家境，离开了慈爱的母亲，踏上了一条满是荆棘、满是鲜血的革命之路？是他心中坚定的信仰，是他要改造旧中国的决心。

近代中华民族所遭受的屈辱早已经深埋在夏明翰的心中，燃起了他渴望救国救民的火种。1917年，心怀"工业救国"理想的夏明翰考入湖南第三甲种工业学校机械科。这一时期，他开始接触进步思想，积极参加游行示威，声援五四运动，反对北洋军阀的统治，也因此惹恼了他的祖父。但夏明翰并没有退缩，义无反顾地与家族决裂。

1921年，经毛泽东、何叔衡的介绍，夏明翰加入中国共产党。国民大革命失败后，夏明翰迅速投入到武装反抗国民党反动派的革命斗争中。白色恐怖势力的猖獗，革命的艰难凶险，都没有动摇夏明翰的革命信念，反而坚定了他誓死把革命进行到底的决心。他给妻子郑家钧买了一颗小红珠，并对妻子说："我赠红珠如赠心，希望君心似我心。"郑家钧深深理解夏明翰希望自己能够坚定对革命的信心，她一直把这颗红珠缝在衣角里珍藏着，因为这是夏明翰对革命的赤诚之心。夏明翰为自己的女儿取名"赤云"，意谓赤旗插遍全世界。

1928年3月18日，夏明翰被叛徒出卖，在武汉被捕入狱。狱中，夏明翰不知道经历了多少次审判，多少次折磨，但面对敌人的严刑拷打，坚毅的夏明翰视死如归，绝不屈服。敌人问他"姓什么"，他回答"姓冬"，问他"多大岁数"，他回答"我是共产党,共产党万万岁",问他"你们的人都在哪里",他回答"他们在我心里"……

一次次的拷打,一次次的折磨,昏过去再被凉水浇醒,周而复始,反反复复,都不能摧垮他坚强的意志。敌人用尽酷刑,也见识到了他的硬骨头,最后只能宣布"就地处决",并扔给他半截铅笔,让他写下"自白书"。遍体鳞伤的他用颤抖的手写下了给亲人的诀别信。

他告慰母亲:"亲爱的妈妈,别难过,别呜咽,别让子规啼血蒙了眼,别用泪水送儿别人间。"

他嘱托妻子:"红珠留着相思念,赤云孤苦望成全,坚持革命继吾志,誓将真理传人寰!"写闭,他端起信,狠狠地吻了下去,在信上留下了一个带着血迹的吻印,深深表达了他对妻女的爱和牺牲的决心。

他向姐姐明志:"我一生无遗憾,认定了共产主义这个为人类翻身解放造幸福的真理,就刀山敢上,火海敢闯,甘愿抛头颅,洒热血。"

两天后,夏明翰被敌人杀害,他为共产主义远大理想献出了宝贵的生命。这个被历史永远铭记的英雄烈士,他用意志和生命诠释了共产主义的信仰之光,践行了一个共产党员对党的忠诚以及对追求人民解放事业的使命担当。牺牲之前他留下了"砍头不要紧,只要主义真。杀了夏明翰,还有后来人"的正义凛然、气吞山河的就义诗,这是共产党坚守信仰的一面旗帜,一座丰碑,指引和激励着无数人为共产主义不懈奋斗。

20 郭亮：
提着脑袋干革命的工人运动领袖

湖南是中国早期工人运动比较成熟的地区，这是诞生过一名被毛主席称赞为"有名的工人运动的组织者"的工人运动领袖，他就是无数中国早期工人运动的组织者之一的郭亮。

郭亮1901年出生于湖南望城（今湖南省长沙市望城区）一个贫穷的知识分子家庭。1920年，郭亮以优异的成绩考入湖南省第一师范，当时毛泽东在湖南省第一师范附属小学工作，郭亮经常去向他求教。在五四运动的浪潮席卷全国的时候，郭亮在长沙读到了《湘江评论》。这个刊物是毛泽东在五四运动期间创办的，毛泽东发表在上面的一篇文章《民众大联合》，给了郭亮很大的启发。从《湘江评论》上，郭亮了解到中国衰弱的现状都是由帝国主义和军阀相互勾结造成的，因此他更加痛恨这万恶的社会制度，内心萌发了革命思想。在这一时期，他还阅读了《共产党宣言》《社会主义从空想到科学的发展》等马克思主义著作，这使他认识到，要想救中国，就必须唤起民众，共同推翻旧世界。

1921年，中国共产党成立。这一年的冬天，经毛泽东介绍，郭亮加入了中国共产党。入党以后，郭亮主要从事工人运动组织工作，并任中共湖南省委委员、省委工运部部长，成了著名的工人运动领袖。1922年8月，郭亮被派到湖南岳阳从事铁路工人运动。当时粤汉铁路各段都成立了工会，建起了工人俱乐部。郭亮组织工人成立了粤汉铁路岳州工人俱乐部。当时粤汉铁路北段的铁路局长王世埙非常仇视工人，他扣发工人工资并倒卖烟土，根本不顾工人死活，还成立了黄色工会来分裂工人队伍。有个工人将这一情况报告给了郭亮，结果王世埙就派人把这个工人打成重伤。郭亮代表工人俱乐部抗议王世埙的暴行，要求改善工人待遇，严惩凶手，但王世埙拒绝了这些合理的请求。

1922年9月，震撼全国的粤汉铁路工人大罢工开始了。郭亮带头卧轨，而且卧在离火车最近的地方，以此向铁路当局施压。丧心病狂的王世埙收买了军阀开枪射杀工人，打死打伤七十多个工人，郭亮和二十多个工人被捕，被关押在武汉的陆军监狱。后来毛泽东亲自起草了《粤汉铁路全体工人告国人书》，宣布继续罢工，直到胜利的那一天。北京政府被工人争取合法权益的决心震慑到了，他们也不想将事态扩大，于是不得不释放了郭亮等人。

郭亮在湖南组织工人运动的革命活动，让湖南军阀赵恒惕大为恼火，他曾经悬赏一万大洋来缉捕郭亮，但郭亮从未退缩。1922年11月，湖南全省工团联合会成立，这是湖南工人统

一的战斗组织，毛泽东任总干事，而郭亮就是毛泽东的得力助手和亲密战友。

1927年，国民党当局发动了反革命政变，白色恐怖席卷全国。1928年3月，由于叛徒的告密，郭亮在岳阳被捕，押送长沙。29日，郭亮被秘密杀害于长沙，年仅27岁。被害前，郭亮给妻子李灿英写了一封遗书，上面写着："望善抚吾儿，以继余志！"表达了他对革命必胜的坚定信念。丧心病狂的敌人还将郭亮的头颅割下，悬于岳阳城门口示众。但革命运动岂是可以被吓倒的！毛泽东在延安的时候，谈起郭亮，赞扬他是"有名的工人运动的组织者"。

21 向警予：中国妇女运动的先驱

这条通向刑场的路也许很长，也许很短。这条路是通向生命的终点，但也是生的起点。脚镣声是和鸣声，衬托着主音的铿锵。她是这条路上的主角，高唱着《国际歌》，视死如归，在遍体鳞伤中开出信仰之花，她就是中国共产党早期领导人——向警予。

向警予，土家族人，1895年出生于湖南溆浦的一个商人家庭，是中国共产党早期党员之一，被誉为中国妇女运动的先驱。

17岁时，向警予考入湖南省第一女子师范。1919年，向警予参加了由毛泽东、蔡和森组织的新民学会。同年10月，向警予与蔡畅等人组织湖南女子留法勤工俭学会。在法国的向警予以惊人的毅力在几个月内就掌握了法语，下功夫阅读法文版的马克思、恩格斯的经典著作，研究妇女解放问题。

向警予呼吁女同胞们要打破旧制度的枷锁，解放自己。她坚持恋爱自由，倡导夫妻二人要志同道合，这也是她与丈夫蔡和森结合的原因。他们在革命的道路上互相勉励，互相支持，共同成长，携手创造美好的未来。

向警予

　　1922年，向警予回国后加入中国共产党。1922年7月党的二大召开，向警予当选为中央候补委员，成为党的第一位女中央委员，并成为首任中央妇女部长，培养了大批妇女工作干部。

　　向警予经常深入到女工家中，与女工们拉家常，宣传先进思想，启发民智，发动她们参加罢工。在向警予的出色领导下，受压迫的工人们成功地发动了上海十四家丝厂女工和南洋烟厂工人两次大罢工。同时，向警予笔耕不辍，先后在《向导》《前锋》和《妇女周刊》等报刊上发表了一系列文章，系统阐述了妇女解放的相关思想和理论，指出政治问题是解决妇女问题的关键，并提出劳动妇女是我国妇女解放的先锋。她从理论和实践上对中国妇女解放运动都做出了不可磨灭的贡献。

1927年7月,汪精卫发动反革命政变,许多革命志士惨遭杀害。向警予主动要求留在武汉,以失业小学教员的身份作掩护,和另一名女同志陈桓乔共同编辑《大江报》,在白色恐怖中继续坚持党的秘密斗争,宣传进步思想,发展进步力量。

1928年3月20日,因叛徒出卖,向警予被捕入狱。面对敌人的威逼利诱,向警予横眉冷对,丝毫不动摇。面对敌人的严刑拷打,她慷慨地说:"要杀就杀!至于我是不是向警予,没有多大关系,横竖你们都是屠杀人民的刽子手!革命者不会在你们的屠刀下求生!等着吧,你们的末日,就在明天!"

在狱中,她没有放弃真理的宣传,信仰的坚持,她对狱友们说:"人都应该珍惜自己的生命,然而到了不能珍惜的时候,只有勇敢地牺牲!"她坚贞不屈,严守党的秘密,严守共产党员的操守,表现了共产党员的浩然正气和崇高品格。走向刑场时,她不仅高唱《国际歌》,还作了慷慨激昂的演讲,向民众继续宣传共产主义理论,敌人慌了,毒打向警予,死死掐住她的脖子。向警予挣脱后,高呼:"中国共产党万岁!"气急败坏的敌人向她的嘴里塞满石头,用皮带勒住她的嘴巴,鲜血汩汩直流,但她视死如归,大义凛然,最终慷慨就义,时年33岁。

22 陈乔年：用青春护卫真理

1913年8月的一个下午，安庆城内陈衍庶的家里突然闯入一群反动军匪。两个年轻人事先得到消息，攀上屋顶，跳墙而出，逃到了怀宁的乡下。这两位机警的年轻人分别是陈延年和陈乔年。这一幕是兄弟俩参加安徽的"讨袁革命"时，被袁世凯的爪牙倪嗣冲追捕的场景。

兄弟俩虽然是一母同胞，但是外貌和长相却有一些差异。陈延年身体壮实，皮肤粗糙黝黑，话不多，比较严肃，脾气倔。陈乔年皮肤白皙，眉清目秀，性格开朗，喜欢嬉闹。

1915年，陈乔年随其兄陈延年赴上海求学。其间，他们误认为从欧洲传来的无政府主义思潮是救治旧中国的良药，一度成为过无政府主义者的信仰者。1919年底，兄弟俩怀着探求真理的强烈愿望赴法勤工俭学。在法国，他们感受到无政府主义根本改变不了资本主义的腐朽与黑暗，无法救中国，他们便开始致力于马克思主义的学习和研究。在当时旅法的共产主义者蔡和森、赵世炎、周恩来的支持和帮助下，1922年夏，陈乔年兄弟二人加入旅欧中国少年共产党。同年秋，兄弟两人又一起参加了法国共产党，不久后转为中国共产党党员。

1923年，陈乔年又和陈延年、赵世炎、王若飞等十二人由巴黎转赴莫斯科，进入东方劳动者共产主义大学，系统学习马克思主义和俄国革命经验。1924年冬，陈乔年奉命回国，担任中共北京地委的组织部部长，不久改任北方区委组织部部长。当时，李大钊和赵世炎，分任北方区委书记和宣传部部长。1926年3月18日，北京各地二十万群众举行反帝反军阀的大规模的游行活动，李大钊、陈乔年主持抗议集会，但遭到段祺瑞军阀政府的武力镇压，造成了三一八惨案，死亡四十七人，伤二百余人，李大钊、陈乔年也在斗争中负伤。陈乔年在医院待了几天，未等身体痊愈就继续为革命四处奔忙。

1927年春，陈乔年参加了中国共产党第五次代表大会，被选为中央委员，会后在任中共中央组织部副部长。这一年8月，陈乔年参加了中共八七会议，在会上他旗帜鲜明地批评了父亲陈独秀的右倾投降主义错误。会后，他调任中共湖北省委组织部部长，同年秋又被调到上海任中共江苏省委组织部部长。当时，上海正处在白色恐怖中，他的兄长陈延年，以及赵世炎等中共江苏省委的主要领导人先后牺牲在国民党反动派的屠刀之下。陈乔年带着巨大的悲痛来到上海，与时任江苏省委书记的

 ★ 信念篇 ★

王若飞并肩战斗。

　　1928年2月16日,陈乔年等中共江苏省委机关的十多名同志在参加一次秘密会议时被捕,6月6日,陈乔年英勇就义,年仅26岁。"让我们的子孙后代享受前人披荆斩棘的幸福吧",这是陈乔年牺牲前留给战友们的遗言。

23 王尔琢：以身许国终不悔

黄埔军校是中国近代史上的一座丰碑，是无数青年志士报效国家的军事摇篮。自国共两党于1924年6月16日合作创办黄埔军校起，在之后几十年的时间里，黄埔军校为中国革命培养了无数优秀的军事人才。湖南省石门县人王尔琢，就是黄埔一期的名将，并成为井冈山时期的著名将领。

在入党参加革命之前，王尔琢曾满怀着"实业救国"的济世理想。1920年，他考入湖南省甲种工业学校读书，希望将来毕业后能开办工厂，做一些于国于民有益的事。但是1922年，军阀在湖南大开杀戒，杀害了湖南工人运动领袖、湖南省劳工联合会负责人黄爱、庞人铨等人。他们的牺牲，震惊了中国的劳工界，也让青年王尔琢意识到工农大众的贫困和统治阶级的黑暗。当时共产党领导长沙人民展开了反对军阀和资本家压榨劳苦大众的斗争，并派人到王尔琢所在的甲种工业学校发动学生抗议军阀暴行。由此王尔琢接触了很多进步的书刊，从中悟到了革命真理：要想解放劳苦大众，就必须发动革命，推翻腐

朽、落后、反动的统治阶级。1924年,黄埔军校招收学生的消息传来,王尔琢毅然报考从军,军校政治部主任周恩来对他尤为赞赏。当年秋天,王尔琢就加入了中国共产党。

1924年10月,广州反动武装商团举行暴乱,中国共产党帮助孙中山调集黄埔军校的学生平叛。王尔琢指挥学生分队,配合其他武装力量,平息了此次叛乱。1927年,蒋介石发动了四一二反革命政变,欲逮捕王尔琢部所有的共产党员。王尔琢得知消息后,立即布置师内所有的党员同志迅速撤离。之后,以汪精卫为首的武汉国民政府走上公开反共的道路,发动了七一五反革命政变王尔琢率部参加南昌起义。

南昌起义之后,王尔琢所部与敌黄绍竑部展开恶战,沿途不断受到敌军和地方武装的袭扰。战士们生存环境极差,给养也得不到补充,有时几天都吃不上饭。王尔琢不仅要配合朱德打仗,还要给战士们做思想政治工作。他终日忙碌,一连几个月都顾不上整理自己的仪容,当时何长工调侃他说:"看你满脸胡须,简直像马克思了!"王尔琢笑着说:"革命不成功,不剃头不刮胡子!"言辞中大有"黄沙百战穿金甲,不破楼兰终不还"的劲头。

1928年3月,蒋介石调集重兵南北夹攻湖南,在认识到敌强我弱后,朱德、王尔琢决定向毛泽东创建的井冈山革命根据地进发。

1928年8月25日,红四军二十八团的二营营长袁崇全胁迫该营及另一个机枪连叛变,企图投靠国民党。王尔琢得知消息后和朱德商量，自己立即去追击叛徒，拉回部队。在崇义县思顺圩追上叛徒后，经喊话教育，受蒙骗的战士纷纷回归部队，但王尔琢却不幸被袁崇全暗枪击中牺牲。

1928年10月，红四军在宁冈砻举行追悼大会，战士们临时搭了一座台子，台子中间的横匾上用鲜花缀成四个大字："赤潮澎湃。"两旁是由毛泽东起草、陈毅书写的挽联：

一哭尔琢，二哭尔琢，尔琢今已矣，留却重任谁承受？

生为阶级，死为阶级，阶级后如何？待到胜利方始休！

共产主义战士王尔琢，将他的一腔热血献给了革命的事业，用年轻的生命铸就了信念的丰碑。2009年9月14日，王尔琢被评为100位为新中国成立做出突出贡献的英雄模范人物。

24 陈觉、赵云霄夫妇：在遗书中拥抱

在中国人民革命军事博物馆的一个展柜中，并排陈列着两封遗书。一封是革命烈士陈觉写给妻子赵云霄的遗书，另一封是革命烈士赵云霄写给尚在襁褓中的女儿的遗书。陈觉和赵云霄这对革命伉俪，为了革命事业双双献出了宝贵的生命。

赵云霄、陈觉夫妇

陈觉，湖南醴陵人。赵云霄，河北阜平人。这对分别来自中国南北方的男女结缘于1925年。这一年冬天，共产党派出一批青年学生到苏联莫斯科中山大学学习，他俩就在其中。因为他俩年纪较小，也不懂俄语，开始学习时比较吃力，所以他们就互相激励，共同学习。在学习的过程中，逐渐走到了一起。不久，陈觉和赵云霄结为夫妻。

1927年，国民党反动派接连发动四一二反革命政变和七一五反革命政变，大批共产党员和工农群众遭到屠杀，中国革命形势陷入低潮。留苏党员学生纷纷回国，在党的领导下，进行反抗国民党屠杀政策的武装斗争，继续开展革命活动。9月，陈觉和赵云霄夫妇二人从苏联回国后，在党组织的派遣下，去往湖南领导当地民众开展革命斗争。11月初，陈觉、赵云霄回到家乡醴陵，参加了秋收起义。1928年春，陈觉担任省委特派员，组织发动了著名的醴陵年关暴动。他们积极地将农民发动起来，在沈潭、新田、东富、西林、大樟、栗山坝、贺家桥等地领导农民开展"打土豪、分田地"的斗争，建立起了以泗汾为中心的，包括南二、南三、南四、西一、北二等五个区的三十五个乡的苏维埃政权。不久他们被调回湖南省委机关，负责组建湘南特委。

不幸的是，由于叛徒的出卖，1928年，陈觉和有孕在身的赵云霄先后被捕。陈觉在牺牲前给妻子留下了一封"与妻书"："云！谁无父母，谁无儿女，谁无情人！我们正是为了救助全中国人民的父母和妻儿，所以牺牲了自己的一切。"在信

末,陈觉叮嘱赵云霄:"不可因我死而过于悲伤……我已请求父亲把我俩合葬,以前我们都不相信有鬼,现在则唯愿有鬼。'在天愿为比翼鸟,在地愿为并蒂莲,夫妻恩爱永,世世缔良缘'……"10月14日清晨,陈觉与其他被捕的同志在前往岳麓山穿石坡刑场的路上,集体高唱《囚歌》,"为了庄严的共产主义事业,我们愿流尽最后一滴血"。

陈觉牺牲后,赵云霄在狱中生下了他们的女儿。她给女儿取名"启明",意为"在黑暗中盼望破晓"。然而,就在1929年3月24日,赵云霄接到了"惩共法院"的死刑判决书,她再也看不到破晓的黎明,也看不到长大的启明。带着万般不舍,赵云霄伏在床板上,给襁褓中的女儿写下了一封遗书:"小宝宝,我很明白地告诉你,你的父母是共产党员,且到俄国读过书。……我不能抚育你长大,希望你长大时好好读书,且要知道你的父母是怎样死的……"两天后,赵云霄也被敌人杀害。令人痛心的是,这对革命伉俪的女儿小启明被爷爷抱回家后,仅仅活了四年便夭折了,再也没有机会像母亲对她期望的那样长大成人,好好读书。至此,这个家庭为了革命事业,付出了全部。在这两封遗书中,我们可以看到他们面对死亡时的真情流露,更能读出他们对革命信念的坚定和执着。陈觉、赵云霄夫妇为了革命信念甘愿付出所有的精神永远值得我们铭记和传承。

25 刘仁堪：刑场血书

在井冈山革命斗争时期，有这么一位共产党员，即使被敌人割掉了舌头，在临刑前仍大义凛然地用脚趾蘸着自己的鲜血，浓重地写下了"革命成功万岁"六个大字的血书，慷慨就义。这位写下"刑场血书"的共产党员就是刘仁堪，时任江西省莲花县第一任苏维埃政府主席、第二任县委书记。刘仁堪以鲜血和生命践行了入党誓言，用短暂而光辉的一生，铸就了至死不渝的理想信念、人民至上的家国情怀、英勇无畏的铁血担当，矗立起了一座信念永恒的精神丰碑。

刘仁堪，1895年生于江西莲花。由于家境贫困，他年少时即远走长沙，在码头当搬运工，勉强谋生。当时，湖南省爆发了轰轰烈烈的工农运动，刘仁堪对于工人、农民的悲苦生活深有体会，因此，积极地投身于工人运动中。1925年，他加入了中国共产党。第二年，刘仁堪在党的派遣下回到了家乡江西省莲花县，领导开展当地的工农运动。刘仁堪以教私塾、行医为掩护，秘密组织农民协会，进行革命宣传。在他的努力下，到

 ★ 信念篇 ★

1927年春，莲花县各区乡都成立了农民协会，发展会员近3万余名。国民党发动反革命政变后，大肆屠杀共产党员和工农群众。在此局面下，刘仁堪带领莲花县的党员撤到山区坚持斗争。9月25日，毛泽东率领秋收起义部队来到莲花县城，此时一直躲在山中打游击的刘仁堪与同志们连夜赶到县城，与工农革命军会合。之后，作为部队向导，刘仁堪跟随秋收起义部队走上井冈山。

井冈山革命根据地开辟后，中国共产党找到了中国革命发展的新道路。1928年春，刘仁堪秘密回到莲花县，开展武装斗争，筹备建立红色政权。6月30日，莲花县苏维埃政府成立，刘仁堪被选为第一任县苏维埃政府主席。后来由于局势恶化，莲花县被敌人占领，县委和县苏维埃政府被迫迁移到山区继续斗争。在此严峻形势下，刘仁堪接任莲花县委书记，率领党政机关及游击队日夜战斗，终于迫使敌人退出苏区，逐步恢复了各地的红色政权。

1929年1月，刘仁堪在毛泽东主持召开的"柏露会议"精神的指导下，组织领导了莲花县赤卫队配合井冈山的第三次反"围剿"斗争。不料，在南村开展活动时，刘仁堪被敌人发现，不幸被捕。敌人知道刘仁堪县委书记的身份，为了使他屈服，就让当时国民党莲花县的党部负责人，也是刘仁堪的堂兄刘启沛来当说客，劝降刘仁堪："只要你写出自首书，交代莲花县共产党党组织和地方武装的下落，不但可免一死，还可封官晋爵、享受荣华富贵。"刘仁堪坚决不为所动，敌人见劝降无果，转而对他严刑拷打，灌辣椒水、坐老虎凳、用铁铲烙……面对各种酷刑，刘仁堪始终坚贞不屈。敌人在无计可施之下，最终决定处死刘仁堪。

1929年5月19日，刘仁堪被敌人押到了莲花县城南门大洲的刑场上。虽然此时的刘仁堪已经受了严刑拷打，体无完肤，但看到刑场上那些围观的百姓，他立刻努力提起精神，向群众高呼："同志们，乡亲们，反动派想杀掉我刘仁堪，不准大家革命，这是痴心妄想！杀了刘仁堪，千千万万的刘仁堪会起来闹革命！大家要记住我的话，团结战斗，将来最后的胜利一定属于我们，反动派绝对没有好下场！"面对刘仁堪的演讲，敌人恼羞成怒，割掉了他的舌头。此时，刘仁堪纵口不能言，仍拼尽最后一丝力量，用脚趾蘸着自己的鲜血，在地上写下了"革命成功万岁"这六个鲜红的大字。他就义时年仅34岁。

26 吴亚苏：父亲写给儿子的"劝降书"

1929年，共产党员吴亚苏在出席一次会议时不幸被捕，敌人软硬兼施让他投降，但他始终坚贞不屈。敌人又逼迫他父亲劝他投降，于是他父亲便写下了这样的"劝降书"："你的父母在家身体很好，望你放心。你瞑目而去吧！"

吴亚苏，1907年出生于江苏如皋，从小受到哥哥——如东地区第一个共产党员吴亚鲁的影响和引导，很早便接受了革命思想，树立了革命信念，走上了革命道路。1924年，吴亚苏参加了中国社会主义青年团，第二年加入了中国共产党。1927年，他和妻子张红凤被一同调往武汉从事革命斗争。7月15日，国民党发动反革命政变，妻子张红凤牺牲，吴亚苏则忍痛将自己年幼的孩子托付给保姆，坚决地继续踏上革命的征途。

1928年初，中共江苏省委决定在如（皋）泰（兴）地区组织发动农民起义，吴亚苏奉命回到如皋协助县委从事起义的准备工作。5月1日晚上，如皋县委在朝西庄成立了起义总指挥部，吴亚苏被选为指挥部宣传委员。当晚有三千多名起义农民在朝西庄广场集合,举行誓师大会。在会上,吴亚苏率领大家高喊口号"打土豪,分田地""一切土地归农民""打倒蒋介石反动统治""建立苏维埃政权""中国共产党万岁"等。誓师大会后仅几天,参加起义的农民队伍就增加到了一万多人,起义农民队伍先后攻打了江安、卢港两区的二十多处地主庄园。

当时的国民党反动派在如皋县制造了严重的白色恐怖,大肆逮捕、杀害参加武装起义的农民。这导致庄稼无人收割,烂在田里,再加上夏旱严重,飞蝗遍地,天灾人祸使农民的生活水深火热、苦不堪言。面对这样的境况,吴亚苏并没有放弃,而是迅速组织骨干力量,继续战斗,并于7月份重建了县委。在险恶的环境中,吴亚苏领导县委成员更加深入群众。为了更好地开展工作,他们经常化装成乞丐、小贩、农民等各种身份。通过吴亚苏等人的努力,在短短的两个月时间,如皋县委就很快地建立起了六个区委和138个支部,共有党员1297人,并在县城大街开设了读书消费合作社和糖果店作为县委的秘密交通站和联络点,还在通如交界处设立了交通机构。同时,他们坚持同地主斗争,打击了一批恶霸,有力地反击了敌人的嚣张气焰。

不幸的是,1929年6月15日,吴亚苏在出席中共南通特委召开的三县县委联席会议时被国民党反动派逮捕。敌人对他软硬兼施,用尽酷刑强迫他屈服自首,但他始终坚贞不屈。敌人妄图收买他,承诺他只要供出同党及组织,就可以在国民党的公安局有一份好差事,还能得到一大笔赏金。敌人还置酒款

待他,吴亚苏则掀翻了酒席,义正词严地斥责了敌人的卑劣手段。最后,敌人将花招耍到了吴亚苏的父亲身上,要父亲写信劝儿子投降。

吴亚苏奉命回如皋开展革命工作时,就作了为革命献身的准备和打算。他特意在上海拍了一张照片,并在照片上写下了"吾父爱子"四个字,回到如皋后就把照片送给了自己的父亲吴绍穆。吴绍穆虽曾担任过国民党如皋县马塘区的行政局长,但思想开明,支持两个儿子勇敢地探索真理。他理解儿子的选择,把这张照片好好地珍藏了起来。因此,当国民党反动派让他给儿子写一封"劝降书"时,他毅然写道:"你的父母在家身体很好,望你放心,你瞑目而去吧!"吴亚苏立即给父母回信表明心迹:"我承受过无比的非刑的敲打及心灵的痛苦,但我一定拿出勇气来为受难的兄弟铺好一条求生之路!"姐姐吴亚姝去监狱探望他时,看到弟弟被折磨的惨状,非常难过。他却面带笑容安慰姐姐说:"不要难过,我死了,但共产党不会死的,将来一定会有人替我报仇。"

1929年8月3日,吴亚苏临刑前,敌人端来烈性酒,他坚决不喝,正气凛然地说道:"我要死得明明白白!"赴刑场途中,他高呼口号,视死如归,英勇就义时年仅22岁。儿子牺牲后,父亲在珍藏的照片两侧写下了"是非久之乃定,生死古亦如斯"的联语,以告慰英灵。

27 彭湃："相信澎湃的力量"

1922年11月的一天，在广东海丰龙舌埔戏台前，围满了来自各乡的佃户，他们都在等着看戏。戏还没开演，当地一个地主的儿子拿着自己家里的田契走上台来，一张一张地宣读田契所写的内容、地点、亩数和佃户姓名，然后当场将这些田契烧毁。这位"富家公子"语气温和而坚定地说道："乡亲们，这是我祖父留下的遗产，是靠剥削你们而来的，它们早就该属于你们了。日后自耕自食，不必再交租谷。"台下那些贫穷的佃户简直不敢相信自己的耳朵，这可是从来没有过的事啊。从此，这位"富家公子"的大名和义举一夜间传遍了四面八方，这个人就是中国农民革命运动的先导者、广东海陆丰农民运动和革命根据地的创始人彭湃。

彭湃，1896年出生在广东海丰的一个地主家庭。他的祖父在海丰开设杂货店，后又办榨油厂，放高利贷，置买田地，逐步成为海丰数一数二的地主大户。彭湃曾经谈到自家当年的状况说：我家每年收入千余担租，共计被统辖的农民，男女老幼不

下千五百人。彭湃因此有机会接触到贫苦的农民,他对农民们的生活很是同情。中学毕业后,彭湃东渡日本留学,在此期间,他阅读了大量马克思列宁主义的著作,钻研社会主义学说,初步确立了马克思主义的世界观。1921年,彭湃回国。对劳苦大众的关怀使他抱定发动农民群众、组织农民运动和推翻封建地主剥削制度的决心,毅然选择从事农民运动。彭湃结合在日本求学时学习到的马克思主义,在海丰发起组织了社会主义研究社、劳动者同情会,并开始频繁地深入农村,接触农民,通过宣传来唤醒农民觉悟,让他们知道"农民团结起,革命搞到底。你分田我分地,有田有地真欢喜"的革命道理。他在《告同胞》一文中指出,"必须进行社会革命,破坏私有财产制度,实现社会主义"。

刚开始接触农民时,彭湃到农家串门,尽管他态度诚恳,一心要和农民交朋友,但农民们却总躲着他。彭湃总结了下乡以来的经验教训,意识到了问题所在。于是,他摘下了白凉帽,戴上尖斗笠;脱下学生装,换上农民服;扔掉胶底鞋,光着脚板;手拿农民喜欢的旱烟筒,用农民惯用的语言和他们交谈。渐渐地,农民愿意和他接近了。彭湃的宣传逐渐有了效果,1922年7月,彭湃和五个青年农民一起成立了最早的农会。虽然只有六个会员,而且处于秘密状态,但它就像革命的火种,在贫苦农民中迅速传播开来。海丰农民运动的局面逐步被打开了。在彭湃的领导和发动下,海丰一带的农民运动如雨后春笋般发展起来。

彭湃越深入农民，他的地主家族对他就越不满，他的大哥因此向他提出分家。分家以后，彭湃更没有了家庭上的心理负担，他决心要"革"自己的命，"革"自己长辈的命，"革"自己家族的命，于是就有了开头彭湃烧自家田契的那一幕。在视土地为命根子的农民眼里，这简直就是惊天动地的大事，这件事也使他得到了农民的信任。他耐心细致地动员农民参加农会，1923年1月1日，海丰县总农会宣告成立，会员达两万户，人口约十万人，占全县总人口的四分之一，彭湃被选为海丰县总农会会长。在彭湃的领导下，农会对封建军阀、土豪劣绅展开了英勇斗争。这些斗争很快影响到毗邻的十几个县，乃至广东全省。1924年4月，彭湃加入了中国共产党。

1927年，蒋介石发动四一二反革命政变。中国共产党遭到打击，但仍顽强地在斗争中探索出了一条"农村包围城市、武装夺取政权"的新道路，将工作重心转向农村。同年11月13日和18日，广东海丰、陆丰两县在彭湃的领导下先后召开了工农兵代表大会，成立了中国第一个工农民主政府——海陆丰工农民主政府，与反革命势力进行斗争。

1929年8月24日下午，时为中央政治局委员、中央农委书记兼江苏省军委书记的彭湃到上海参加江苏省军委的会议时，因叛徒告密，被国民党反动派逮捕。在狱中，彭湃虽然受尽种种酷刑，但他仍坚贞不屈，"只要我还有一口气，我就要为共产主义事业奋斗到底"。敌人拷问了他三天，始终一无所获，恼羞成怒的敌人决定对彭湃下毒手。8月30日，彭湃在国民党淞沪警

 ★ 信念篇 ★

备司令部内被敌人枪杀,壮烈牺牲,年仅33岁。有诗歌颂彭湃:"大浪汹涛卷海丰,农民运动树先锋。心潮血涌听彭湃,国际歌声世界同。"

28 | 缪伯英：
中国共产党第一位女党员

有这么一位女性，她是北京师范大学党组织的创始人，她是李大钊得意的女学生，她是中国妇女解放运动的先驱，更是中国共产党的第一位女党员，她就是缪伯英。

缪伯英（左）

★ 信念篇 ★

缪伯英,1899年出生于湖南长沙。她的父亲是位读书人,一直致力于"知识救国"。受家庭的影响,她自小便以花木兰和秋瑾这些女英雄为榜样,立志救国救民。1919年7月,缪伯英以长沙地区第一名的成绩考入了北京女子高等师范学校。当时北京大学是五四新文化运动的中心,涌动着新思想,因此,怀抱救国救民志向的缪伯英希望能在北京大学找到一条国家解放、民族独立的道路。她常常去北京大学听课,吸收新思想,也与北京大学的学生一起参加各种救国活动。在北京大学,她还结识了中国最早的马克思主义传播者李大钊,认真聆听了李大钊讲授的"唯物史观""工人的国际运动""社会主义""女权运动史"等多门课程,并经常向李大钊请教各种问题。在李大钊的指引下,缪伯英接触到了马克思列宁主义,并确立了自己坚定不移的共产主义信仰。

1920年3月,缪伯英加入由北京大学进步学生邓中夏、何孟雄、罗章龙等人组织成立的北京大学马克思学说研究会。同年11月,缪伯英更是积极参加了李大钊在北京组织建立的共产党早期组织。1921年7月,中国共产党第一次代表大会的召开宣告了中国共产党的诞生,缪伯英转入了中国共产党,成为中国共产党最早的一批女党员。同年秋,她以北京女高师和北京高师的党员为主成立了北师第一个党支部——中共北京西城支部(亦称北京师范大学支部),担任第一任书记。在马列主义的指导下,缪伯英理论联系实际,重视革命的实践工作,特别是妇女解放运动。她曾撰写《家庭与女子》一文,呼吁"顺着人类进化的趋势，大家努力，向光明的路上走"，号召中国的妇女要勇于冲破封建落后的罗网，做自主的时代新女性。

中国共产党成立后，积极迅速地开展工农群众运动。缪伯英也投身其中，在党的指示下，她经常深入到丰台、长辛店、南口、唐山及石家庄等地，因为这些地方工人比较集中，易于传播马克思主义和组织发动工人运动。1922年2月，为了支持香港海员大罢工，缪伯英组织了北方后援会，并且在《工人周刊》上专门报道工人的运动情况。1923年2月，她参与领导了京汉铁路北段工人总罢工。虽然罢工遭到反动政府的血腥镇压，缪伯英仍勇敢地主持编印《京汉工人流血记》等宣传资料，揭露控诉军阀政府残害工人的暴行，激励工人继续战斗。5月1日，北京各团体联合发起在天安门召开五一纪念国民大会。缪伯英代表妇女界发表演讲，她列举了军阀政府外交无能、内政混乱的种种事实，号召国人改革政治，收回民权。时任中共北方区委书记的李大钊对缪伯英的工作十分满意，赞扬她是"宣传赤化的红党"。

缪伯英也是中国妇女运动的先驱，积极促进妇女解放。中国早期马克思主义者非常重视妇女运动，北京大学马克思主义学说研究会早在1920年底就组织建立了妇女协会。缪伯英加入研究会后，就担起主持妇女协会工作的责任。她不仅筹备建立了北京地区的女权运动同盟会，而且还在南京建立了女权运动同盟的南京分会，以推动中国妇女争取平等的政治和经济权利。特别是在北京各团体联合发起的五一纪念国民大会上，缪

伯英代表中国妇女界发表演讲，表达了妇女也有参政议政的权利。1924年3月，缪伯英担任中共北方区委妇女部长，全面负责北方区的妇女工作，遭到了反动政府的通缉。为避免身份暴露，在党的指示下，缪伯英回到家乡湖南，先后担任了中共湖南省委第一任妇委会书记、省妇女运动委员会主任等职，积极推动了湖南妇女运动的发展。

1927年，缪伯英被派往上海开展地下工作。由于紧张的工作和清贫的生活，她积劳成疾，1929年10月在上海病逝，时年30岁。在临终前，缪伯英仍叮嘱家人："既以身许党，应为党的事业而牺牲，奈何因病行将逝世，未能战死沙场，真是遗憾终生！你要坚决与敌斗争，直到胜利！"为了革命事业，为了共产主义信念，缪伯英鞠躬尽瘁，死而后已。

29 陈毅安："无字信"

在新民主主义革命时期,有那么一则让人看了眼睛发酸的"无字信"的故事。一对年轻人一见钟情并结为夫妻,但丈夫因革命需要奔赴前线作战,二人分隔两地,丈夫只能依靠书信诉说对妻子的思念和自己的革命理想。小小的信笺,承载着他们的爱情。1931年3月,满怀期待的妻子终于又收到了一封丈夫的信笺,可是打开一看,却是一纸空白,这让她无法接受。原来,丈夫曾和她相约:如果他牺牲了,会把一封不写字的信寄给她,见了这封"无字信",就不要再等他了。

这个凄美浪漫而壮烈的"无字信"故事的男主角就是陈毅安,他是一名革命烈士。1905年,陈毅安出生于湖南湘阴一个小山村。1924年,他加入了中国共产党。而后,他参加了秋收起义,跟随部队走上井冈山,投身于创建井冈山革命根据地的斗争中。毛泽东在其诗词《西江月·井冈山》中写下名句:"黄洋界上炮声隆,报道敌军宵遁。"赞扬了红军在黄洋界保卫战中的英勇,而陈毅安正是在前线指挥这场著名的黄洋界保卫战

 ★ 信念篇 ★

的骁将,时任红四军第三十一团副团长兼第一营营长。当时,年仅23岁的陈毅安率领着不足一个营的兵力,在黄洋界保卫战中战胜了兵力在自己十倍以上的敌人,保卫了井冈山革命根据地。在战斗中,他果敢而又坚毅,指挥着队伍及当地百姓,用仅有的一门炮和两发炮弹(其中一发还是哑弹),英勇打退了敌人的进攻。因此,陈毅称他是一名以一胜十的骁将。

1923年,在湖南省立第一甲种工业学校读书的陈毅安与维新女子职业学校学生李志强相识并相恋。自此,他就给李志强写信,鸿雁传书近十年。时至今日,除了最后一封"无字信"外,尚存有五十四封。如今,我们在井冈山革命博物馆里可以看到陈毅安写给妻子李志强的信:"志强:好久没有和你通信了,不知你近况若何?挂念得很……你的信我又收不到,真是糟极了……我天天跑路,钱也没得用,衣也没得穿,但是精神非常的愉快,较之前过的优美生活好多了,因为是自由的……但最忧闷、最挂心、最不安适的,就是不能同你在一起……"这对恩爱夫妻就是靠着鸿雁传书来寄托思念之情,抒发理想之意。这些书信,不仅表现了陈毅安与妻子李志强的伉俪情深,也抒发了陈毅安对革命的坚毅信念,而且具有重要的史料价值。陈毅安在1927年9月20日的信中写道:"我昨日到浏阳县之文家市,今日又要到萍乡去。"这确定了秋收起义文家市会师日期。他在1927年10月3日的信中则介绍了秋收起义后军队上山的艰苦历程和路过的地点。

1930年6月,当时在自家养伤的陈毅安奉命归队。他告别了已有身孕的妻子，重返部队，担任红三军团第八军第一纵队队长和长沙战役的前敌总指挥。陈毅安率部队打头阵，攻入长沙，与敌人展开激战。8月7日，在指挥部队掩护红军撤退时，陈毅安不幸中弹，壮烈牺牲，年仅25岁。

对于陈毅安的牺牲，妻子李志强当时并不知晓。直到1931年，李志强收到了这封"无字信"。但她仍怀有一丝侥幸，认为"信到人在"，"无字信"可能是有字的，只不过是需要特殊的药水才能使之显形。为了得到一个确定的答案，1937年，李志强给八路军总指挥写了一封挂号信，询问陈毅安的情况。时任副总司令的彭德怀亲自给她回信，告诉她陈毅安在1930年就已牺牲的噩耗。1958年，彭德怀专门为陈毅安题词："生为人民生的伟大，死于革命死得光荣！"

30 | 杨开慧："永失骄杨"

毛泽东有一首著名的词《蝶恋花·答李淑一》，里面有一句名句"我失骄杨君失柳，杨柳轻飏直上重霄九"，而此句中的"骄杨"就是他的夫人和战友——在革命斗争中牺牲的杨开慧。

杨开慧，乳名霞，1901年出生于湖南长沙。父亲杨昌济，是一位思想进步，热忱爱国的学者。

1918年，杨昌济到北京大学工作，17岁的杨开慧跟随父亲从湖南长沙来到了北京。同年9月，毛泽东因组织赴法勤工俭学也来到北京，并在杨昌济的介绍下，在北京大学图书馆任"书记"。就这样，杨开慧与毛泽东在北京大学相遇了，当时两个年轻人经常漫步于紫禁城外的护城河边或北海的垂柳之下。1919年，毛泽东返回湖南老家，与杨开慧相约通信，两人常以"润""霞"相称。第二年年初，杨昌济不幸病逝，杨开慧便随母亲回到湖南，进入湘福女中读书。下半年，杨开慧加入中国社会主义青年团，并与毛泽东结婚，结成了革命伴侣。1921

年,杨开慧加入了中国共产党。她与毛泽东二人伉俪情深,相依相伴,共同为了革命而奋斗。从外表看,杨开慧文静贤惠,但她却是一位思想解放、信仰坚定的女性。1923年4月,毛泽东到上海党中央工作,杨开慧带着孩子也来到上海,除继续协助毛泽东工作外,还到工人夜校讲课。她不仅一直照顾丈夫生活,也帮助联络同志,还帮助毛泽东找资料、抄写文章。

1927年大革命失败后,在极其严酷的白色恐怖下,杨开慧在党的安排下带着三个年幼的孩子回到长沙板仓,开展地下斗争。1927年8月八七会议召开,月底毛泽东去指挥秋收起义,行前嘱咐杨开慧照顾好孩子,谁也没有想到这次话别竟是这对夫妇的永诀。当时板仓的环境十分险恶,南面驻有国民党政府军张辉瓒部队,东面有四十八家地主,北面有国民党的民团,但她镇定自若,在与上级组织失去联系的情况下,参与组织和领导了长沙、平江、湘阴边界的地下武装斗争,努力发展党的组织,机智灵活地坚持了整整三年艰苦的地下斗争。在这期间,杨开慧深深地思念远方的丈夫毛泽东:"念兹远行人,平波突起伏。足疾可否痊?寒衣是否备?"她时刻挂念着毛泽东在艰苦的战斗中,原来的足疾是否痊愈,隆冬来临,有没有御寒的衣服这些琐碎的起居小事。生活在白色恐怖中的杨开慧,想到千千万万在战斗着的人民,更加坚定自己的理想信念,更加坚守自己的信仰。1930年8月,国民党湖南省主席兼省"清乡"司令部司令何键得知杨开慧隐居在长沙东乡板仓一带,立即加紧搜捕。地下党组织和革命群众都劝杨开慧撤离板仓,去江西找

毛泽东，但都被她婉言谢绝了。她坚定地说，越是困难时刻，越要遵循党的指示，坚定沉着，坚持斗争。

1930年10月下旬的一天午夜，杨开慧在板仓不幸被捕。她被敌人逮捕时，八岁的儿子毛岸英和保姆孙嫂也一同被抓去。面对国民党反动派的种种威逼利诱，严刑拷打，杨开慧坚贞不屈，视死如归，敌人逼问她毛泽东的去向，宣称只要她讲出毛泽东在哪里，只要登报声明与毛泽东脱离夫妻关系，就可交保释放，其他问题都可不再追问。杨开慧则回答："要我与毛泽东脱离关系，除非海枯石烂，我死不足惜，愿润之的事业早日成功。"1930年11月14日，杨开慧为了丈夫毛泽东从事的事业，为了自己的信仰，从容地走向刑场，英勇就义于浏阳门外识字岭，年仅29岁。对杨开慧的牺牲，毛泽东曾表示：开慧之死，百身莫赎。27年之后，毛泽东的这句"我失骄杨君失柳"更是寄托了对杨开慧的绵绵哀思之情。

31 何孟雄："狱中题壁"

1922年，在赴苏联出席伊尔库茨克远东大会的途中，何孟雄不幸被奉系军阀逮捕入狱。他在监狱的墙壁上慨然写下了这首题为《狱中题壁》的诗句："当年小吏陷江州，今日龙江作楚囚。万里投荒阿穆尔，从容莫负少年头。"何孟雄一生四次入狱，始终信念不变。这首诗抒发了何孟雄为共产主义信仰奋斗终生的壮志，也是他在革命生涯中始终执着坚守信念的深刻印证。

何孟雄，1898年出生于湖南酃县（今湖南省株洲市炎陵县）。在长沙求学期间，他就积极参加长沙的学生爱国运动，并与毛泽东、蔡和森等人结成革命友谊。1919年，何孟雄入北京大学读书。五四爱国运动爆发后，他随北大学生一起上天安门游行，火烧赵家楼。6月3日，何孟雄在街头演讲时被捕，这是他第一次入狱。被释放后，何孟雄开始接受马克思主义。1920年，他与邓中夏等人加入了李大钊组织建立的北京大学马克思主义研究会，系统地学习并宣传马克思主义，成为坚定的马克思主义者，树立了一生的信念。5月1日，何孟雄与马克思主义研究会的其他成员在北京大学庆祝五一节大会，会后他们开始积极开展工人运动。何孟雄在参加游行时被捕，这是他第二次入狱。17日何孟雄被营救出狱。同年11月，何孟雄加入了北京社会主义青年团和北京早期共产党组织，开展北方工人运动。1921年3月16日，在北京社会主义青年团第三次团员大会上，何孟雄被选为代表参加在德国柏林召开的国际少年共产党第二次代表大会。4月初，他经由苏联赶赴柏林途中，在满洲里被奉系军阀逮捕，这是他第三次入狱。6月，经李大钊、蔡元培的营救，他被释放回到了北京。

1921年7月，中国共产党成立后，何孟雄成为中国共产党全国最早的五十多名党员之一。同年冬，他当选为北京地方执行委员会书记，并任职于中国劳动组合书记部北方分部，成为北方党组织和工人运动的重要领导人。在他的领导下，京绥南口工人夜校和张家口工人夜校先后创办，以保护京绥路权为宗旨的"京绥铁路同人总会"成立，京绥路广大工人和职员开展的爱国护路斗争和由此引发的京汉路、长辛店工人大罢工取得了胜利。

1927年，国民党发动四一二反革命政变，共产党遇到了严峻的革命形势，何孟雄被调往上海，开展地下斗争。在此期间，何孟雄不仅与国民党反动派坚持斗争，他还坚决指出了当时党内的"左"倾错误。纵然受到批判打击，他仍坚持真理。1930年9月，何孟雄因反对立三路线被撤职并停止工作，但仍多次向党递交政治意见书。12月，经党中央决议对何孟雄予以平反，但随即又遭到王明"左"倾宗派主义的排斥打击。他在中共六届四中全会上，又与林育南等联名发表《告同志书》，与王明"左"倾错误进行坚决的斗争。何孟雄对战友说："一个革命战士，要像暴风雨中的海燕，经得起斗争的考验。"

1931年1月17日，因叛徒告密，何孟雄在上海被敌人逮捕。这是他第四次入狱。在狱中，何孟雄面对敌人的威逼利诱始终坚贞不屈。2月7日，何孟雄与其他二十三位同志被国民党反动派杀害于龙华监狱，牺牲时年仅32岁。

32 殷夫：革命诗人，青年的布尔什维克

鲁迅先生在《为了忘却的记念》开头中，是这样写的："我早已想写一点文字，来纪念几个青年的作家。这并非为了别的，只因为两年以来，悲愤总时时袭击我的心，至今没有停止。……两年前的此时，即一九三一年的二月七日夜或八日晨，是我们的五个青年作家同时遇害的时候。"鲁迅说的几个青年作家，其中就有殷夫。匈牙利爱国诗人裴多菲的那首诗"生命诚可贵，爱情价更高。若为自由故，两者皆可抛"，就是由殷夫翻译给中国读者的。

殷夫，原名徐白，浙江象山人，是中国无产阶级

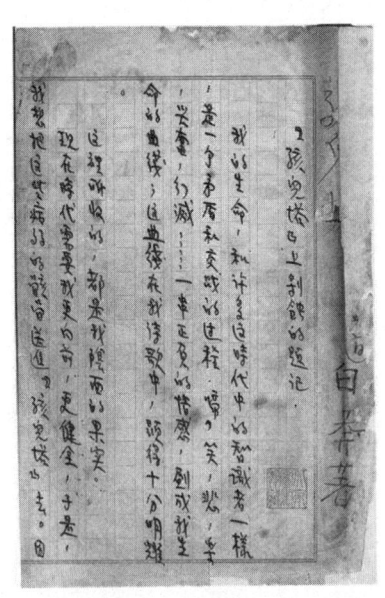

殷夫《孩儿塔》手稿

革命诗人。1926年，殷夫加入中国共产主义青年团。1927年，国民党制造了四一二反革命政变，大肆屠杀共产党员和进步人士，因有人告密，殷夫第一次被捕入狱，在狱中受尽折磨。在被囚禁三个月后，殷夫被他的大哥徐培根保释出狱。

1928年，殷夫因参加工厂罢工再次被捕入狱。当时他的大哥徐培根已经由蒋介石总司令部的参谋处长升任航空署长，殷夫再次被保释出狱后，徐培根对这个弟弟极力"规劝"，但殷夫断然拒绝。

1929年起，在党的领导下，殷夫从事青年工人运动，几次被捕，遭反动派毒打，出狱后继续坚持革命工作。在四一二反革命政变两周年纪念日，殷夫写下了著名的诗篇《别了，哥哥》，公开和身处黑暗反动统治阶级的哥哥决裂：

别了，哥哥，

别了，此后各走前途，

再见的机会是在，

当我们和你隶属着的阶级交了战火！

1929年2月底，殷夫离开了家乡象山，赴上海寻找党组织。3月，接上党组织关系后，他满腔热情地一边积极参加党的地下斗争，一边开始红色鼓动诗的创作。他第三次被捕入狱后，没有找他的哥哥保释，经过斗争才被释放。

1930年3月2日，中国左翼作家联盟（以下简称"左联"）在上海成立，标志着中国共产党不但从思想上，而且从组织上正式开始领导左翼文化运动。同年，殷夫参加了左联，并任

★ 信念篇 ★

团中央刊物《列宁青年》的编辑。此时的他只有20岁,虽然年轻,但已经有地下斗争的经验了。他曾说:"我不能为黑暗所屈服,我要献身于光明的战斗!"

参加左联之后,他更加严格地要求自己,写下了一篇长文《写给一个哥哥的回信》,里面写道:"你是你,我是我,我和你相互间的关系已完全割断了,我们之间的任何妥协,任何调和,是万万不可能的了,你是真实的……但你却永远是属于你的阶级的。"深刻地指出自己和哥哥是属于不同的阶级的,表明了自己要为无产阶级革命事业奋斗终生的崇高理想。针对当时国共两党斗争的形势,殷夫还在《红旗》《列宁青年》上发表了多篇指导中国青年运动的文章,为推进青年工作做出了自己的贡献。

1931年1月16日,殷夫出席了左联全体共产党员大会,17日下午在上海东方饭店出席会议时,因叛徒唐禹告密而被逮捕。2月7日,殷夫与柔石、冯铿等五位左联作家以及二十多位共产党员被国民党反动军警以"危害民国""扰乱治安"的名义,杀害于上海龙华附近的荒野,五位左联作家被称为"左联五烈士"。

殷夫牺牲时年仅21岁,一个鲜活的、进步的生命就这样逝去了。殷夫英魂已逝,但他那洋溢着无产阶级必胜信念的诗篇,将永不褪色。

33 刘谦初：赤胆忠心为救国

1897年，德国强占了青岛，山东人民开始了活在侵略者践踏下的屈辱岁月；1931年，日本炮制了九一八事变，开动了侵华的战争机器。山东省平度县人刘谦初，就是恰巧生于1897年，去世于1931年的一名党员。在刘谦初34岁的短暂生命中，他亲眼看见了中国任由帝国主义列强宰割欺辱的悲惨局面，他立志要救国家于破碎，拯人民于水火，从一个爱国知识分子成长为一个坚定的共产主义战士。

1915年，窃国大盗袁世凯和日本签订了出卖国家利益的"二十一条"，刘谦初义愤填膺，他响应孙中山先生的号召，于1916年初积极地加入中华革命军，参加了讨袁战争。在战争结束后，刘谦初考入了齐鲁大学。五四运动爆发后，全国各地的学生纷纷举行集会游行和罢课斗争，刘谦初也参加了济南的爱国学生运动，表现出了极大的爱国热忱。之后他转入燕京大学，在这里他受到革命先驱、共产主义者李大钊的影响，接受了马克思主义的洗礼，积极投身到反帝、反封建的革命斗争中。

★ 信念篇 ★

1927年,时年30岁的刘谦初加入了中国共产党。1929年,山东各地的白色恐怖到了极其严重的境地,山东省委遭到破坏,党中央派刘谦初去山东恢复党的组织。1929年7月2日,由于叛徒的出卖,中共山东省委在济南、青岛的机关再度遭到严重的破坏。8月,他乘坐的火车从济南经青岛开往上海,行经明水车站时,刘谦初被敌人发现并逮捕,关进了济南监狱。

敌人对刘谦初使用了各种酷刑,逼迫他说出自己的真实身份。但他誓死不说自己的身份是中国共产党员,死守共产党省委负责人的信息。然而,国民党找来了两个在大革命失败后投降了国民党的叛徒,这直接暴露了刘谦初的真实身份。刘谦初说:"我没有什么可考虑的!要杀就杀,不必多说!"敌人用各种酷刑折磨着刘谦初,鲜血顺着他的裤腿流淌下来,每走一步,地上都是一个鲜红的血印。面对敌人的刑讯逼供,刘谦初坚如磐石,不改初心。

残酷的狱中生活使他的身体遭受了严重的摧残,但这丝毫没有瓦解掉他的马克思主义信仰与共产主义理想。在狱中,他坚持读书,同时还组织狱中的同志学习马列主义,号召大家把"监狱当学校,法庭当讲坛"。在昏暗潮湿的监狱中,他还翻译了恩格斯的一本著作《反杜林论》。

狱中,他在给党中央写的信中,深情地表达了一个共产主义战士对党组织的无限热爱和对无产阶级革命事业的无比忠贞。当时,党组织通过外围组织"互济会"通知狱中的刘谦初立即"翻供",后来经过上诉,刘谦初被判处有期徒刑8年。

1930年9月，军阀韩复榘接任国民党山东省政府主席。当蒋介石调韩复榘到南方"剿共"时，他为了巩固自己在山东的地位，独霸山东，决定重新审理有关共产党的案件，对一批共产党员进行屠杀。1931年4月4日，国民党山东省临时军法会审委员会做出了处决刘谦初、邓恩铭等二十二名共产党员的决定。第二天凌晨六点，一阵枪声打破了清晨的宁静，刘谦初被敌人枪杀于济南纬八路刑场，英勇就义。

34 刘晓浦：摒弃富贵为国捐躯

在沂蒙大地上，长眠着两位出身大地主家庭的革命先烈，他们就是刘晓浦和刘一梦。刘晓浦，原名刘昱厚，1903年出生于山东蒙阴垛庄堂号为"燕翼堂"的大地主家庭。

刘晓浦在江苏南通纺织专门学校学习期间，因参加进步活动，被校方开除，之后转入上海大学学习。在这里，他受教于共产党人邓中夏、瞿秋白、蔡和森等人，学习了马克思主义哲学。大学期间，他积极参加社会活动，五卅惨案后，他受党组织派遣深入工厂、学校，发动工人、学生声讨英、日帝国主义的罪行，救济受难同胞。1923年，刘晓浦加入中国共产党。大学毕业后，刘晓浦任江苏省委组织部部长等职。

大革命失败后，国内白色恐怖日益严重，以蒋介石为首的反动政府血腥镇压屠杀共产党人和革命群众，共产党人的生存环境极其恶劣。1928年11月，山东早期党员王复元及其在省委担任重要职务的胞兄王天生相继叛变，并纠集一帮人成立了"清共委员会"和"捕共队"，致使中共山东省委遭到严重的破坏。于是中共中央派刘谦初、刘晓浦等人来山东重建山东省委。当时刘晓浦夫妇的住处——济南贡顺街，就是山东省委的秘书机关。在白色恐怖的威胁之下，他们以极大的努力，想方设法与工人中的骨干分子联系，寻找与组织失去联系的党员，恢复党的组织，汇集党的力量，继续开展革命活动。

1929年7月2日，因王天生的告密，贡顺街山东省委秘书机关遭到破坏，刘晓浦和爱人曹更新被捕。在狱中，刘晓浦受尽了严刑拷打，但始终未吐露党的机密。他的二哥变卖了田产，携带巨款到济南设法营救他们。刘晓浦说："你不要花钱了，出狱要自首，这是绝对办不到的。我和他们是死对头！"

囹圄只能困住一个人的身体，却困不住他的精神信念。哪怕身陷囹圄，刘晓浦依然不曾忘记为共产主义事业奋斗终生的信念。在山东省第一监狱，刘晓浦与刘谦初等共产党员开展狱中斗争，成立了狱中党支部，组织狱中的党员、难友积极又缜密地开展了大量的秘密工作。他们在狱中党员中间开展了学习马克思主义著作的活动，狱中党支部还对监狱管理人员进行爱国、民主及正义等方面的教育。在他们的教育下，有的狱卒给狱中在押的共产党员买铅笔、报纸，使在押的共产党员能够及时了解外面的消息。

1930年9月，国民党军阀韩复榘调任山东省主席。韩复榘上任后，为了稳固自己在山东的势力，疯狂镇压和屠杀共产党人。1931年4月4日下午2时，国民党山东省临时军法会审委

 ★ 信念篇 ★

员会作出处决刘谦初、邓恩铭、刘晓浦等二十二名共产党员的判决。5日,刘晓浦和侄子刘一梦等人被枪杀于济南纬八路侯家大院刑场。刘晓浦就义前,奋力高呼:"共产党万岁!中华民族万岁!"

35 刘一梦：沂蒙英烈"五少爷"

1919年五四运动爆发，全国掀起了反帝反封建的热潮，革命运动在全国蓬勃开展起来。山东的一个富家少爷，受到革命浪潮的激励，毅然走上街头，向工农大众揭露帝国主义及其走狗的罪恶。他就是刘一梦。

刘一梦，原名刘增容，又名刘大觉，1905年出生于山东蒙阴的一个大地主家庭。因在家族中行五，故人称"五少爷"。1922年，上海大学创办，这是一所由中国共产党创办的培养革命干部的高等学校，邓中夏、瞿秋白、蔡和森等在这里任教。这极大地吸引了刘一梦，于是他在1923年由南京金陵大学转入上海大学社会系，学习马克思主义哲学。上海，这个城市在刘一梦的心中有着特殊的意义，这里"好比太阳光辉的射出地，是光明路上的一个中心点"，因为上海是中国共产党的诞生地，是共产党中央的所在地。在不断的学习和实践中，刘一梦接受了共产主义思想，并于1923年由王尽美介绍加入中国共产党，投身共产主义事业。

★ 信念篇 ★

1927年，蒋介石发动了四一二反革命政变后，血腥屠杀共产党员和革命群众，白色恐怖笼罩着中国。上海大学因此被迫停办，刘一梦转入文艺战线。他经常以"一梦""大觉"等笔名发表文章，抨击国民党的黑暗反动统治。他的短篇小说集《失业以后》，描绘了工农群众受压迫、被剥削的非人生活及其反抗斗争。1928年，日本帝国主义在济南制造了惨绝人寰的五三惨案，刘一梦义愤填膺，与七十多位进步作家联合署名发表了三个宣言，向全中国、全世界声讨日本帝国主义的罪恶，号召中国人民要用自己的力量维护国家和民族尊严。他手中的笔如同锋利的匕首，直接扎进了反动统治阶级和帝国主义的心脏。

1928年秋，刘一梦由中共中央派往山东担任共青团山东省委书记。为团结教育广大青年学生，团省委依托《济南日报》创办了《晓风》周刊，刘一梦担任周刊的主笔。《晓风》宣传革命思想，在青年学生中影响很大。这引起了国民党的忌恨和敌视。1929年，国民党山东省党部到处搜捕共产党员，他们料定《晓风》周刊有党团负责人在领导，于是派人暗中跟踪。由于叛徒的出卖，1929年4月，刘一梦不幸在济南被捕。在狱中，敌人软硬兼施，妄图从他的口中得到更多的党团员名单。重刑逼供之下，刘一梦守口如瓶，宁死不屈。1931年4月5日，刘一梦与叔父刘晓浦等二十二名同志被国民党反动当局枪杀于济南纬八路刑场，史称四五惨案。这二十二名英勇就义的烈士被称为四五烈士。

刘一梦家境优渥，原本可以在家庭的庇护下做一个衣食无忧的阔少爷，但他却视富贵如浮云，以革命为己任，置生死于度外，用他26岁的生命表现了一个共产党员对党和人民的事业的无限忠诚。

36 恽代英："留得豪情作楚囚"

有这么一名共产党员,他出生于书香门第,却放弃了高官厚禄,毅然走上了革命这条艰辛的道路,他就是中国共产党早期青年运动的楷模——恽代英。

恽代英,1895年出生于湖北武昌(今武北省武汉市武昌区)一个书香世家,1921年加入中国共产党,是中国青年运动的著名领袖。他是出身仕宦家庭的富家子弟,在传统文化的熏陶和新式教育的洗礼下,并没有沿着祖辈父辈安排的求学致仕、光宗耀祖的生活坦途前行,而是自觉肩负起民族的使命,听从时代的召唤,坚定信仰、忠诚信仰,把个人有限的生命投入到悲壮惨烈的革命大潮中,为民族独立、救亡图存和人民的解放事业争相奔走。

早在1919年五四运动爆发后,在武汉的恽代英就立刻收集资料,夜以继日写成了四千余字的《武昌学生团宣言书》,对北京爱国学生的五四运动予以高度评价,号召武汉的学生积极行动起来,投入到这场爱国运动中。恽代英强调说:"国不可以不救，他人不肯救，则唯靠我自己；他人不能救，则唯靠我自己；他人不真心救，则唯靠我自己；自己要是不真心救，就是亡国奴的本性了。"随后，恽代英积极与各界联络，号召工人罢工、商人罢市，后来反动当局不得不释放被捕学生。1923年，恽代英应邓中夏的邀请，从四川到上海大学任教，并担任《中国青年》主编。在担任主编期间，他写了二百多篇文章和通讯。恽代英勉励学生们要多看报纸、杂志，多学中国近代史与西洋史，多读中外历史伟人的自传，帮助广大青年树立革命的人生观，正确对待和处理理想、前途、学习、工作和婚姻恋爱等问题，引导成千上万的有志青年走上革命道路，成为广大青年的领袖和导师。郭沫若曾说过："在大革命前后的青年学生们，凡是稍微有些进步思想的，不知道恽代英、没有受过他影响的人，可以说，没有。"

1927年7月15日，汪精卫发动七一五反革命政变，武汉三镇陷入一片白色恐怖之中。恽代英奉党中央之命秘密前往九江，任中共中央前敌委员会委员，参与并组织了南昌起义。12月中旬广州起义爆发时，他担任苏维埃政府秘书长，其间苏维埃政府发布的政纲、宣言、告示等多是他写的。广州起义失败后，他在指挥部大楼中坚守到最后，和最后一批战士撤离总指挥部。1929年，恽代英奉命调任上海中央组织部秘书长，协助部长周恩来的工作。1930年5月6日下午，恽代英在杨树浦老怡和纱厂门前等人联系工作，突然遇上巡捕。当时恽代英装扮成工人的模样，但巡捕见他戴着眼镜，并从他身上搜出自来水笔、

手表,便生疑心,随后又在他的附近搜出一包宣传单,于是便将恽代英作为共产党嫌疑犯逮捕了起来。几经周转,1931年2月,恽代英被转押到南京东郊门外的监狱中,当时他机智地抓破了自己的脸,没有被认出来,国民党反动当局以"工人擅自开会"的罪名判他五年徒刑。1930年8月,周恩来、瞿秋白相继从莫斯科回国后,积极设法营救恽代英。经周恩来等人的不懈努力,1931年4月,营救行动有了些眉目,但不幸的是,当月下旬,中央政治局候补委员、中央特科负责人顾顺章叛变,说出恽代英就关在南京中央军人监狱里。蒋介石马上令军法司长王震南亲自到狱中核查,声言:如果恽代英肯归顺,必当重用他。但是,恽代英面对敌人的劝降嗤之以鼻,蒋介石立刻下令就地枪决。

1931年4月29日中午12点,恽代英高唱国际歌,从容地走到狱中菜园的空地上,壮烈牺牲,年仅36岁。

37 周逸群：
革命理想高于天

1926年7月，北伐战争开始后，任国民革命军第九军第一师师长的贺龙随部来到了湖南常德。此时，他的部队迎来了一支宣传队，当贺龙看到宣传队的队长是周逸群时，喜出望外，有着说不出的高兴。而令人感到奇怪的是，贺龙和周逸群之前从未谋过面，那为什么见面时却像老朋友一样熟悉呢？这背后又有怎样不为人知的故事呢？

两年前，周逸群和贺龙就有过"神交"。当时，贺龙所在部队驻守贵州铜仁，司令部恰好设在周逸群的家中。一天，贺龙看到他的堂弟走出来，手里拿着一些书，原来这些书就是宣传共产主义和俄国革命的书。听了堂弟介绍书中的内容后，贺龙眼前一亮，觉得中国共产党的路线是完全正确的，是为普天之下的劳苦大众谋取福利的。当他进一步询问堂弟，得知寄书过来的正是当时在黄埔军校读书的周逸群时，更是喜上眉梢。此后，贺龙经常给周逸群写信相互交流进步思想。就这样，两人就成了从未谋面的好朋友，建立起了深厚的友谊。也正是因

此,有了两人初次见面,就如同老友重逢般的欣喜场面。

在第九军第一师政治部担任主任一职的周逸群在征得党组织同意后,在部队开办政治讲习所,加强部队的政治工作。在这段时间里,他与贺龙每天晚饭后,两人就会在军部二楼的平台上散步,他俩各拿着一把大芭蕉扇,时而交谈,时而沉思。周逸群不仅为贺龙分析了当前的政治军事形势,还为他讲解马克思列宁主义,使贺龙对中国共产党有了更进一步的了解和认识。拥有崇高共产主义信仰的周逸群,在许多关键时刻作出了正确的判断和决策,使部队的建设日益壮大起来。同时,也更加坚定了贺龙跟着中国共产党走的决心。贺龙评价周逸群说:"他像一滴红水,落到缸里,正在逐渐扩散,改变着部队的颜色。"在周逸群的影响下,他们所在的部队脱离了第九军,扩编为国民革命军第二十军,贺龙任军长,周逸群任政治部主任。就在这时,一场革命风暴悄然而至了。

1927年反革命政变爆发,国民党反动派大肆捕杀中国共产党人、革命工农和革命知识分子。中国共产党决定武力反抗国民党,打响的第一枪的就是由周恩来、贺龙、周逸群等人领导的八一南昌起义。在起义中,周逸群以一个共产党员的大无畏精神,沉着冷静,正确决策,对起义的胜利发挥了决定的作用。南昌起义后,周逸群没有停止他的革命步伐,开创了湘鄂西根据地,开展反对国民党的革命斗争。

1931年5月,周逸群由洞庭湖特区返回江北汇报工作时,遭到敌人的伏击,壮烈牺牲,年仅35岁。时至今日,洪湖人民依然传唱着这样一首歌谣,表达着对跟周逸群一样拥有着崇高革命信仰的共产党人的无限哀思:洪湖水上长莲台,莲台年年把花开。莲花时开时又谢,革命鲜花永不败。

从黄埔岛上的一颗新星,到南昌起义的关键人物,再到湘鄂西苏维埃联县政府的主席,周逸群时刻都在为完成党赋予的特殊使命而努力着,正如他自己所说:"只要我一天活着,我就一天不停止党的工作。"周逸群以他坚定的共产主义信仰和钢铁般的共产党员的品质践行了自己的诺言。

38 蔡和森："明目张胆正式成立一个中国共产党"

在湖南省长沙市岳麓山下，一间白墙黑瓦、绿树成荫的庭院与岳麓书院、毛泽东雕像遥遥相望。这所闹中取静的院子门口悬挂的牌匾上，清晰地雕刻着"新民学会成立会旧址""蔡和森故居"。

蔡和森，1895年出生在上海。13岁那年，由于家境窘迫，他不得不去当学徒，生活异常艰苦。18岁时，蔡和森为求学和母亲来到长沙，辗转周折后，他进入了湖南第一师范学校。在那里，他结识了毛泽东、张昆弟等一批有志青年，师从于杨昌济、徐特立等进步老师。在求学期间，蔡和森不断磨炼自己的意志，不论春夏秋冬，他每天早晚坚持冷水浴。此外，他求学如饥似渴，为日后参加革命打下了坚实的基础。1918年4月10日，在毛泽东、蔡和森的倡议下，来自湘江之滨的一群有志青年聚到一起，成立了新民学会。新民学会以革新技术、砥砺品行、改良人心风俗为宗旨，是五四运动前成立的革命团体之一。从此，这些年轻人一起畅谈理想，探讨人生，"指点江山，激扬文字"。

新民学会成立之时,正是留法勤工俭学运动兴起之际,蔡和森一马当先,成为赴法留学的积极分子。经过一番波折,1919年底,23岁的蔡和森登上了赴法国留学的"央脱莱蓬"号邮轮。在法国,为了学好法语,蔡和森买了一本《中法字典》,每天都到住处附近的公园背单词、看法文报纸,常常忘了吃饭,有时回住处还会走错路。在蔡和森的刻苦努力之下,他仅用了四个月就能够阅读法文的书刊报纸。此后,他查阅了大量《人道报》《共产党月刊》《俄事评论》等报刊,获得了不少关于欧洲工人运动的情况,并认真研究了十月革命的经验。在给毛泽东的信中,蔡和森写道:"我在法大约顿五年,开首一年不活动,专把法文弄清,把各国社会党、各国工团以及国际共产党尽先弄个明白。"凭借着坚忍的毅力,蔡和森译出了《共产党宣言》《社会主义从空想到科学的发展》《共产主义运动中的"左派"幼稚病》《国家与革命》等著作的重要章节,宣传俄国十月革命及各国工人运动,成为坚定的马克思主义者。留学期间,蔡和森还积极参与领导勤工俭学学生的正义斗争,与周恩来、赵世炎等一起发起了建党活动,筹组了中国共产党旅欧早期组织,成为法国支部的创始人。

1921年底,蔡和森回国,继续从事党的理论宣传工作。1922年,任团中央机关报《先驱》的主编。6月,参与制定了党的最高纲领和最低纲领。同年9月,蔡和森又任中共中央机关报《向导》的主编,撰写了大量文章,宣传马克思列宁主义和党

的纲领，阐明了中国革命的性质、任务和前途，中国社会各阶级在革命中的地位和作用等问题。蔡和森在党的二大、三大、四大、五大、六大上当选为中央委员，在六届一中全会上当选为政治局委员。

1931年6月，由于叛徒的出卖，蔡和森在香港被捕。香港当局将蔡和森引渡给广东军阀陈济棠。狱中，蔡和森受到国民党反动派的种种酷刑，但他始终横眉冷对，没有暴露党的任何秘密。在广州监狱，敌人野蛮地用铁钉把他的四肢钉在墙上，然后用刺刀将他的胸戳得稀烂，但仍动摇不了他坚定的信念。同年8月，蔡和森被国民党杀害于广州，终年36岁。

39 黄公略：骁勇善战的"飞将军"

二十世纪三十年代的红军中，有一位文武双全的将领，他是在毛泽东诗词中出现的最多的一位，也是红军队伍中三骁将之一，红军的第一本研究和阐述游击战术的军事著作正是出自他手。然而，他也是共和国三十六位军事家中最早牺牲的一位，谁也不会想到，一次普普通通的转移行动却让我们党损失了一位杰出的军事家。他就是被毛泽东称为"飞将军"的黄公略。

黄公略走上革命道路，成为优秀的革命家绝非偶然。童年的黄公略就在父亲的熏陶下熟读兵书。然而在他17岁那年，父亲的离世开启

黄公略

他痛苦的经历。他的大哥把持家业，终日花天酒地、挥霍无度，苛待黄公略和他的母亲。性格刚毅的黄公略不甘忍受大哥的欺压，他投笔从戎，离开家乡湘乡，开始了自己的军旅生涯。

从小饱读军书的黄公略在军中如鱼得水，凭借自己出众的军事才能于1927年考入黄埔军校。然而，黄公略的内心却并没有摆脱他大哥的阴影，他看到了国民党内部存在无数个安于享乐的军官，无数个被克扣粮饷、受尽欺压的士兵。如果他继续在国民党内部效力，将来也会变成一个仗势欺人的官僚，而全天下百姓的生活依旧如自己当初受大哥欺负那般凄凉。

幸而，在这条崎岖的道路上，黄公略并不孤单，他结识了与自己同岁的彭德怀。相似的经历，坦诚的性格和共同的抱负，使他们一见如故，结成生死之交。同时，他们还选择了同样的出路——在最危难的时刻加入中国共产党。

1927年初，黄公略受命前往广州黄埔军校高级班深造，就在那一年，四一二和七一五反革命政变让中华大地的政治格局发生了剧变，让国共合作走向破灭。国民党开始对共产党进行血腥迫害，有些意志薄弱的共产党在国民党白色恐怖的威胁下畏惧了。黄公略目睹了一些共产党人的沉沦和背叛，他不敢再相信身边的任何人，包括那位曾经的好友彭德怀。他因此试探彭德怀，差点被同志们误认为他变节了。误会解除之后，辨明身份的彭黄两人异常兴奋，对诗相约，一起为了心中的革命理想并肩作战。他们离开了国民党军营,前往苏区革命根据地,与毛泽东和朱德会合。在苏区革命根据地期间,实力稍显薄弱的红军在国民党的疯狂"围剿"中显示出了机动灵活的特点,黄公略的游击战策略也成为红军制胜的关键。在1928年至1930年期间,黄公略运用"昼伏夜出,彼合我散,彼散我合,彼驻我扰,彼追我圈"的游击战术,在湘鄂赣地区,粉碎了国民党的多次"围剿"。

黄公略对红军的贡献让人欣喜,但是这也给黄公略的家庭带来意想不到的麻烦。拿黄公略毫无办法的蒋介石想到了"离间计",他让部下将黄公略的母亲和妻子押解到长沙,故意让其在公开场合露面,通过报纸披露"黄公略既将母与妻子送来长沙,足见悔过情殷,投诚心切",妄图用这种手段将黄公略逼到跳进黄河也洗不清的死胡同。可是国民党低估了黄公略的信念和节操,竟然派黄公略的大哥携带大量银圆和委任状前去苏区诱降黄公略。黄公略见到大哥这种卑劣的行径,愤怒异常,决绝地写下了八个大字"一刀两断,义无反顾"。根据黄公略的要求,他的大哥黄枚庄立即被处以死刑。

大义灭亲的黄公略用自己坚定的革命信念,让曾经微弱的火种逐渐燃烧起来,共产党第一、二、三次反"围剿"斗争全部胜利。但让人意想不到的是,就在这时,一次普通的转移却终止了这颗将星的前行步伐。黄公略指挥的先头部队为了保护主力部队在转移过程中脱险,遭敌机的猛烈轰炸,黄公略身中

 ★ 信念篇 ★

数弹,最终牺牲,时年33岁。

正如毛泽东给黄公略所写的挽联那样:"广州暴动不死,平江暴动不死,如今竟牺牲,堪恨大祸从天落;革命战争有功,游击战争有功,毕生何奋勇,好教后世继君来。"

40 韦拔群：壮族人民的忠实儿子

1921年，一个在省城当过洋学生，并且当过几年军官的壮族青年回到了他的老家广西东兰。当他回到家乡时，时任广西省长的马君武便委任他出任南丹和东兰两县的县长。在其他人看来，这等好差事正是出人头地、光宗耀祖的绝佳机会。可是让人万万想不到的是这位壮族青年却拒绝了省长的邀请，更让人不可思议的是这位在省城见过大世面的人，居然变卖了家产，毅然穿上草鞋，戴着斗笠，到深山里和瑶族同胞们住到了一起。这位壮族青年究竟是谁，他又为什么要做出这

韦拔群

样的选择呢?

这位壮族青年就是中国早期农民运动三大领袖之一的韦拔群。虽然他出生在一个富裕的商人家庭,但他从小就喜欢和穷人的孩子在一起玩耍、交流,也非常同情受尽苦难的穷人们,就是因为如此,才有了他拒绝省长邀请做官的那一幕。韦拔群三次变卖家产,购买武器,组织农民自治会和国民自卫军打击帝国主义,打击军阀,打击贪官污吏,打击土豪劣绅。在韦拔群的率领下,农民军进行了近现代农民革命运动史上最早一次的武装起义——攻打东兰县城。韦拔群组织了三次武装起义,但是都失败了,这使他陷入了深深的思索,今后革命的路该怎么走,革命的真经在哪里?

带着这些疑问,1925年韦拔群费尽周折辗转贵州、云南、越南、香港,终于到达当时革命的中心广州并进入了广州农民运动讲习所学习,在这里他接受了毛泽东、彭湃、陈延年等人的革命教诲。在广州的日子里,他如饥似渴地学习马克思主义理论,终于找到了革命的真理,他的心中豁然开朗,思想完成了从自发斗争向自觉革命的转变。

1925年4月,韦拔群由广州回到东兰,在列宁岩举办了四期农民运动讲习班。1926年11月,中国共产党东兰支部成立,韦拔群加入了中国共产党。从此,在党的直接领导下,东兰农民运动进入到一个新的发展阶段。后来,中共中央在给共产国际的报告中,这样称赞韦拔群:韦拔群在东兰已经成为海陆丰之彭湃,极得农民信仰。但"打土豪"口号的提出也惹恼了当地的土豪劣绅，他们心中对韦拔群充满了仇恨，多次密谋除掉韦拔群，但都未能得逞。

四一二反革命政变之后，韦拔群以大无畏的英勇气概继续率领右江农民军队坚持公开武装斗争，领导农民军反抗国民党反动派的血腥镇压，并且组织召开农民武装动员大会，为百色起义的爆发和右江革命根据地的创建奠定了坚实的基础。1930年10月，红七军接到了要求北上的命令，从革命工作大局出发的韦拔群把自己第三纵队的2000多名战士和精良武器拨给主力部队用以北上，他则只带着七八十名伤病残弱的战士及三十余支旧枪返回右江革命根据地，走入了东兰县的崇山峻岭中，继续打游击战。

韦拔群用自己的实际行动践行着坚持革命、斗争到底的信念。他带头在山中开荒种地，编草鞋，没有被褥就用稻草编织"革命被"。国民党当局曾想以重金收买韦拔群，但这位"拔哥"却视金钱、荣华为粪土，坚持站在广大民众一边。他动员自己的妻子、妹妹都投身到革命斗争中来，后来他的妻子为了掩护韦拔群倒在了敌人的枪火之中。痛失爱妻的韦拔群咬牙坚持，以超凡的意志品质更加坚定了他在根据地继续跟敌人顽强斗争的信心和决心，发誓一定要坚持到红七军主力打回来。

1932年10月19日凌晨，韦拔群被叛徒杀害于广西东兰赏茶洞，时年38岁。作为一名为新中国建立而英勇献身的少数民族革命先烈，从三打东兰县城到百色起义，韦拔群见证了

也参与了一桩桩具有划时代意义的历史事件,他自己也用生命铸就了"追求真理、坚定信念、忧国忧民、心系群众、无私奉献"的精神品格。

41 陈理真：用生命捍卫党的事业

有这么一位共产党员，用25年的人生诠释了自己的名字——"理真"，更捍卫了自己的信念"真理"。这位党员就是陈理真烈士。

陈理真，1907年生于安徽萧县。陈理真早年考入位于徐州的江苏省立第七师范学校，毕业后回到家乡萧县任教。在投身教育事业的同时，陈理真开始有意识地关注身边劳苦大众的生活状况，他目睹了地主阶级压迫穷人的种种恶径。真正感受到在当时的中国靠教书育人实现不了救国救民的愿望，必须靠革命，必须参与到革命斗争实践中。

早在读书期间，陈理真就接触到了马克思列宁主义，走上了共产主义的道路。1928年，他加入了中国共产党，并在家乡开展革命活动，同时担任中共萧县县委青年部长。第二年8月，陈理真专门到上海参加了中共中央党训班的学习。经过了一个月的培训学习，陈理真调往曾经读书的地方——徐州，参加恢复徐海蚌特委的工作。在陈理真和其他同志的共同努力下，

1930年3月，中共徐海蚌特委恢复重建，由陈理真任特委宣传部长。同时，陈理真还积极组织工人运动，并在7月出任了中共徐海蚌职工运动委员会书记，并兼任铁路工作委员会书记。陈理真在国民党反动派严重的白色恐怖下坚持开展党的地下斗争，为推动当地工人运动、农民运动的发展作出重要贡献。1931年4月，陈理真调任中共长淮特委（蚌埠特委）书记、江苏省委特派员，同年6月，由于工作出色，他又调任中共上海沪东区委书记，继而又在上海反帝总同盟罢工委员会工作。1932年上海一·二八抗战爆发后，陈理真积极领导沪东区工人和市民支援十九路军的抗战。

1932年5月，陈理真调往中共江苏省委组织部工作。不幸的是，同年10月，因为叛徒出卖，陈理真在徐州被国民党反动派抓捕，后被押解到南京国民党宪兵司令部监狱。在敌人的监狱里，陈理真受尽各种酷刑，被打得遍体鳞伤，但他没有屈服，没有吐出一个对敌人有用的字，始终坚守自己的信念，即使牺牲自己，也绝不透露党的秘密，绝不出卖革命同志。见上刑对陈理真没有作用，敌人又以其他形式诱惑他，劝他在自首书上签名即可以换取自由，这更遭到了陈理真的断然拒绝。即使敌人让叛徒和亲友来做说客，陈理真也是义正词严地表明自己的立场："一个真正的共产党员的心，叛徒是永远理解不了的。""我决不会当叛徒！"

不管是威胁还是利诱，都对陈理真起不了任何作用，恼羞成怒的敌人最后决定杀害他。1932年11月，在雨花台刑场上，敌人仍贼心不死,对他进行最后的劝降:"现在放你出去,你将干什么?""干共产党!"陈理真斩钉截铁地回答道。陈理真血洒雨花台,用生命捍卫了自己的信仰和党的事业,牺牲时年仅25岁。

42 张人亚：党章守护人

在中央档案馆里珍藏着一部特殊的党章，它是一部中国共产党党章，党章上盖有几枚"张静泉人亚同志秘藏"字样的印章，异常醒目。这部党章是至今唯一一份留存下来的中国共产党第一部党章的原件，有着重大的意义。但在如此重要的文件上为什么会盖有私人印章，这个"人亚同志"究竟是谁，他与这首个党章又有什么关系？

"人亚同志"全名张人亚，原名张静泉，1898年出生在浙江宁波。由于家境贫寒，张人亚初中没毕业就辍学来到上海的一家金店当学徒工。此时，随着马克思主义在中国的传播并与工人运动相结合，工人出身的张人亚开始接触到马克思主义。1921年，要求进步的张人亚正式加入了中国共产党，开启了他的革命生涯。到1924年3月，张人亚受党中央派遣到莫斯科东方大学学习深造。然而，一年后五卅惨案发生，革命形势发生变化，急需干部开展工作。因为张人亚是从上海出来的，对那里的情况比较熟悉，又开展过工人运动。所以组织上想到了当时正在苏联学习的张人亚,决定把他召回国内,派到上海。蒋介石在上海发动四一二反革命政变后,疯狂屠杀共产党人,制造了严重的白色恐怖,革命形势异常严峻。由于张人亚所在机关集中了很多党的重要的刊物和机密文件,如果要撤退的话,这些文件必须全部带走。特别是当时在张人亚手里保存着中共二大、三大的十几份机密文件,其中最重要的就是中国共产党第一部党章。

中国共产党的第一部党章是在党的二大上制定的,是我们

张人亚秘藏中共二大党章

党的一切准则的源头,具有开创性的重大意义。所以党史界认为,中共二大的召开,最高纲领、最低纲领的提出,特别是第一部党章的制定,标志着中国共产党的创建已圆满完成。中共

 ★ 信念篇 ★

二大结束之后，会议决议被印成一批小册子，包括党章在内一共有十一个文件，都由张人亚保管。当时革命形势危急，处在国民党的白色恐怖之下，这些文件一旦暴露，不仅会给张人亚引来杀身之祸，更加影响到党的机密和安全。文件在上海一天，危险就多一分，必须把文件转移。但转移到哪里？张人亚想到了自己宁波乡下的老家。1927年冬，张人亚秘密回到了家乡。跟父亲张爵谦商量后，父亲编了个"不肖儿在外亡故"的故事，为张人亚和他早逝的妻子修了一座合葬衣冠冢，并用油纸裹好文件藏进空棺里。父子二人约定，等张人亚再次回来后就开启坟墓将文件完璧归赵。老人一直帮儿子代管这份文件，帮党苦苦守着这个秘密，却再也没有见到儿子回来。1951年，张爵谦请人打开了儿子的空坟，将里面的文件取出后捐献给了国家。

原来，1927年冬天辞别父亲后不久，张人亚就先后奔赴上海、芜湖等地从事党的秘密交通工作。1931年11月，中华苏维埃临时中央政府在瑞金成立后，他又调到了中央苏区，担任中央政府出版局局长、中央政府总发行部部长兼代中央印刷局局长，负责整个中央苏区的出版事业，于1932年12月23日病故于由瑞金赴汀州的路上，在苏区发行的报刊《红色中华报》于1933年1月7日刊登了一份悼词，由此揭开了张人亚的下落之谜。《红色中华报》在悼词中写道：人亚同志对于革命工作是坚决努力，刻苦耐劳，称他为"最勇敢坚决的革命战士"。

张人亚收藏了革命文献,革命文献也收藏了他。正是理想信念支持着张人亚在多年的艰苦斗争中,忠诚于党,勇于担当。张人亚和他的家人几十年来坚守信仰,冒着生命危险保存下来的首部党章,不仅见证了中国共产党的革命进程,也彰显了共产党的初心信仰从未改变。

43 邓中夏："骨纵成灰，矢志不渝"

"一个人能为了最多数中国民众的利益，为了勤劳大众的利益而死，这是虽死犹生，比泰山还重。人只有一生一死，要死的有意义，死的有价值。"这段文字来自中国共产党早期党员、杰出的中国工人运动领袖、马克思主义理论家邓中夏的遗书。

邓中夏，1894年出生于湖南宜章。1915年，邓中夏考入湖南高等师范学校文史专修科。读书期间，邓中夏认识了老师杨昌济和好友蔡和森。杨昌济向邓中夏讲解新知识、传授新思想，在邓中夏

邓中夏

心中播撒下了革命火种。在长沙读书期间，邓中夏对之前接受的家庭教育产生了质疑，也对以后人生要走的路产生了不同的想法。他越是怀疑，越渴求探明真相。他在给父亲的信中，除了写一些自己求学的情况外，还频繁地提及自由和革命。1917年，邓中夏在湖南高等师范学校毕业后考入了北京大学国文门。在北大学习期间，邓中夏受到李大钊的教育和启发，开始学习马克思主义。1919年3月，邓中夏发起了旨在增进平民知识、唤起平民之自觉心的北京大学平民教育讲演团。他带领讲演团的同学到街头演讲，宣传反帝反封建的思想。5月初，巴黎和会决定，把德国在山东侵占的权益全部交给日本。5月4日凌晨，邓中夏和北大学生一起参加了反帝爱国的五四运动。在5月6日成立的北京中等以上学校学生联合会上，邓中夏被推举为联合会总务干事。宣传马克思主义、启迪工人阶级的觉悟、开展工人运动，成为邓中夏一生所追求的光辉事业，也是他一直坚守的信念。

1920年，邓中夏北京大学毕业。他拒绝了赴欧美留学的机会，也拒绝了父亲通过多方打点为他在农商部谋得的一个职务，义无反顾地投入到了革命运动中。为了唤醒民众，1921年初，邓中夏这位北京大学的高才生冲破世俗的藩篱，选择去了北京远郊的长辛店机车厂，创办长辛店劳动补习学校，向工人宣传进步思想，让工人们免费学习。同年7月，中国共产党成立，邓中夏正式加入中国共产党，其丰富的工人运动经验使他成为共产党早期工人运动的领导人之一。随后的几年里，邓中

 ★ 信念篇 ★

夏先后参与领导了长辛店铁路工人大罢工、上海工人罢工、省港大罢工，成为中国早期杰出的工人运动的领袖。特别是他参与领导的省港大罢工，有力地支持了上海的爱国运动，打击了帝国主义的嚣张气焰，不仅在政治上，而且在经济上沉重地打击了英帝国主义。这次大罢工在全国人民的声援和支持下坚持了一年零四个月，到1926年10月结束，是世界共产主义运动史上持续时间最长的一次大罢工。

1927年，蒋介石发动四一二反革命政变，工人运动陷入了低潮。邓中夏不顾个人生命的安危，积极在工人中间奔走，批判揭露反动派的肮脏罪行，与反动派进行不懈的斗争。1933年5月15日晚，邓中夏在上海研究和布置工运活动时被法租界巡捕房逮捕。不管敌人如何严刑拷打，邓中夏始终不暴露自己的身份。后来，因为叛徒出卖，邓中夏的真实身份被国民党反动派知晓，国民党中央党部立即将邓中夏押往南京。在狱中，他依然坚贞不屈，对狱中秘密党支部的同志说道："我邓中夏就是烧成灰，也是共产党人！"

1933年9月21日，邓中夏在南京雨花台被国民党反动派杀害，时年39岁。邓中夏将他战斗的一生投入到工人运动当中，谱写出了共产党人对信仰的无悔抉择。

44 施滉：
"清华最有光荣的儿子"

"他是清华最有光荣的儿子，他是清华最早的共产党员。"这句话刻在清华大学图书馆老馆大厅北壁镶嵌的一块纪念碑上。这块纪念碑白底金字，由大理石制成，镶着一位烈士的铜像，铜像的旁边就刻着这句话。这位烈士就是施滉，他为心中坚定的共产主义信仰付出了宝贵的生命。

施滉，云南人，1917年考入清华学校（现清华大学的前身）。在校期间，他阅读了《新青年》等进步刊物，接受了进步思想，开始关心国家大事，思考国家民族的前途。1919年，施滉和几位要好的同学组织了"暑假修业团"（后更名"修业团"），以改造社会为目标，组织开展进步活动。五四运动期间，施滉和同学们一起开展演讲，后被军警逮捕。1920年，"修业团"改名为"唯真学会"，施滉被推为会长。唯真学会推崇节制、勤勉的生活和学习方式，同时积极开展劳动，体验大众疾苦。1924年1月国民党一大期间，施滉与其他两位同学专门到广州去见孙中山。在广州，他们还见到了中国共产党的创始人之

——李大钊。李大钊肯定了他们的革命意志，鼓舞了他们的革命精神，使他们更加坚定了为劳苦大众谋幸福的信念。受李大钊的影响，施滉对马克思主义产生了浓厚兴趣。

1924年7月，施滉从清华大学毕业后，赴美国斯坦福大学继续深造。在美国学习期间，他不仅阅读了大量马列主义著作，而且积极参加美国共产党组织的各种反帝活动，这更加坚定了他的共产主义的信仰。1927年3月，施滉加入了美国共产党，并当选为美国共产党中央中国局第一任书记。此后，他在华侨和留学生中大力宣传共产主义和中国革命，筹备建立党的组织。四一二反革命政变发生后，国民党反动派大肆屠杀中国共产党员和工农群众，中国革命形势陷入低谷。面对危险的局面，而施滉却勇敢地在美国发表了十篇声讨蒋介石的宣言，并且自费印刷，在华侨中广为散发。为此，国民党反动派多次通缉他，甚至查抄了他在云南的老家。即使如此，施滉仍坚持信念，毫不动摇，更加坚定了为共产主义事业而奋斗的决心。

施滉完成了美国的学业后，完全可以在美国找到一份优越的工作，过舒适的生活，但他毅然决然地选择了回国参加革命斗争，实现他救国救民的理想。1930年，施滉回到了祖国。早年的经历，中国贫困落后的情状，对国家、民族义不容辞的责任感，都促使施滉不断探求救国救民之道。回国后，他先后任职于中共中央机关和香港海员工会，开展党的工作。1933年，施滉受派去往河北，担任中共河北省委委员兼宣传部部长、省委书记。同年冬，由于叛徒出卖，施滉在北平被捕，随即又被押往南京。1934年初,施滉被杀害于南京雨花台,年仅34岁。

施滉本可以凭借耀眼的经历和高学历,过上富足安逸的生活,拥有让人羡慕的远大前程。但在他在接受并确定了共产主义的理想信念,选择走上为国为民的道路时,无私地放弃了现实的利益、世俗的成功,将自己完全奉献给了革命事业。

45 江善忠："死到阴间不反水，保护共产党万万年"

在江西省赣州市兴国革命烈士纪念馆的第三展厅里，有一座栩栩如生的雕塑：在一座竹笋般峭拔的石峰下，一群端着长枪的国民党士兵正畏畏缩缩地往上爬，而在峰顶则挺立着一名勇士，他双手高举着一块石头往下砸。在雕塑的下端，刻着勇士牺牲前留下的一句誓词："死到阴间不反水，保护共产党万万年！"这座雕塑讲述的就是江善忠烈士为保伤员英勇跳崖的光辉事迹。

江善忠，江西兴国人。1928年，在当地一位共产党员的引领下，他投身革命，积极参加农民运动。1929年，江善忠加入了中国共产党。作为一名党员，他更加努力工作，领导当地农民与土豪劣绅斗争。1931年，江善忠开始担任合富乡苏维埃政府主席。当时根据地的红军粮食供应不足，他就积极动员当地群众送粮支援。为此，他还专门编了一首山歌："草丛石岩当住房，为了革命自带粮。一切困难都不怕，坚决消灭国民党。"这首山歌表达了革命党人艰苦奋斗为百姓的精神，而且通俗易懂,有力地发动了群众支持援粮工作。在开展革命工作的同时,江善忠也重视自身的理论学习,使自己成为合格的共产主义战士。

1934年,国民党调集五十万军队,发动了对革命根据地的第五次"围剿"。由于力量悬殊,战术失策,红军反"围剿"斗争失败,被迫进行了两万五千里长征。红军主力长征后,江善忠留下坚持斗争,辗转于兴国方太、石源、崇贤一带打游击。就在这一年冬天,一队荷枪实弹的国民党兵进入灵山。而江善忠当时率领一支小游击队隐蔽在长冈乡合富村冰心洞一带的岩洞内。国民党兵在一个刚刚投降的叛徒引导下,直奔此处。这名叛徒被推上来打头阵,他战战兢兢地喊叫:"江,江部长,下来投,投降国军……"叛徒口中的"江部长"就是当时担任江西省苏维埃政府裁判部部长的江善忠。因为大岩洞住着几十名红军伤病员,江善忠就带着警卫员住在前边的小山洞里,顺便监视着县城的来路。头天晚上,他派警卫员进城为伤员买药,买药需二三天才能返回。所以江善忠第二天看到警卫员领着国民党士兵上山时,就知道警卫员已经叛变了。此时,江善忠自己是有时间转移的,但如果他走了,伤病员无法转移,非常危险。他要靠自己的力量,将叛徒和敌人击毙,才能保护伤员的安全。

"砰!"叛徒余音未落,只听得一声枪响,叛徒被江善忠击毙。又是"砰!砰!"两声枪响,两名国民党兵被打倒在地。可惜江善忠只有三颗子弹,打完子弹后,为了掩护红军伤病

 ★ 信念篇 ★

员,不暴露隐蔽的战友,并把敌人引开,他爬上了灵山上的芒槌石顶,用石头砸向爬上来的敌人,并把敌人引向一条与伤员藏身之处相反的道路。见江善忠用石头砸向自己,敌人知晓他已没有子弹,打算上前围住他。这就是那座雕像所呈现出来的场景。敌人还喊话江善忠,只要他交出伤员并说出游击队的下落,他不仅可以获得自由,还会得到可观的奖金。然而,江善忠丝毫不为所动,他从容地从崖前站起来,把自己的白色上衣平摊在石崖上写了什么,然后缓缓走到崖前,轻蔑地扫视了一眼围上来的敌人,跳崖牺牲。

江善忠留下的白色上衣上赫然写着"死到阴间不反水,保护共产党万万年!"两行血字。他坚守主义和信念,矢志不移、至死不渝。

46 吉鸿昌："恨不抗日死"

在革命电影《吉鸿昌》里有这样一个情节，吉鸿昌在狱中就义之前，仍心心念念着"马在叫、号在吹、枪炮在响"的战场。这个情节深情地诠释出了吉鸿昌的心声与信念，那就是为国为民。如今，随着电影以及各种书籍的问世，吉鸿昌的英名早已传遍全国。1971年，周恩来总理曾评价道："吉鸿昌同志，旧军人出身，后来参加共产党，牺牲时很英勇，从容就义，很有必要把他的事迹整理出来。"

吉鸿昌，1895年10月出生于河南扶沟一个贫苦农民家庭。1913年，吉鸿昌在河南投军成为西北军阀冯玉祥的部下。他吃苦耐劳，智勇正直，很快升至军长。1926年7月，国民革命军从广东出师北伐。9月17日，在中国共产党人刘伯坚等人的帮助下，冯玉祥所部在五原誓师，响应北伐战争。吉鸿昌率冯玉祥部第三十六军参加北伐，其间吉鸿昌结识了随军的多名共产党员，并开始接触共产主义和革命思想。1927年，蒋介石发动反革命政变，吉鸿昌暗中保护了身边的一批共产党员。1930年，蒋介石调集十万兵力对中央革命根据地进行反革命"围剿",命令吉鸿昌进攻鄂豫皖苏区。吉鸿昌秉承着中国人不打中国人的朴素理念,对于攻打红军十分反感和厌恶。尽管蒋介石一再催促,他仍以种种托词,按兵不动。吉鸿昌为了拖延进攻,密令第八十八旅的一个团,化装成红军游击队,夜里鸣枪攻打潢川城关,然后上报红军主动逼近潢川,城防难保,无力"进剿"。因"剿共"不力,1931年8月,吉鸿昌被蒋介石解除了兵权,随后又被强令出国。1932年1月28日,日本侵略者在上海挑起一·二八事变,吉鸿昌立即结束欧洲之行回到祖国,誓要上战场杀敌,保家卫国。吉鸿昌找到共产党员浦化人,交换了对时局的看法后,浦化人问吉鸿昌今后有什么打算。吉鸿昌什么也没说,他把一盒火柴分成了两堆,放在两人面前的桌子上,从自己面前的一堆中拿起一根,指指自己,放在了浦化人面前的那堆中。随后,两人的手紧紧地握在了一起。1932年秋,吉鸿昌光荣地加入中国共产党。吉鸿昌是在共产党的革命低潮时期,毅然加入共产党,并用行动诠释着入党宣言——为共产主义事业奋斗终生。

1933年,日军图谋越过长城进军华北,吉鸿昌与冯玉祥成立了察哈尔抗日同盟军,吉鸿昌率部北进,收复多伦。然而,蒋介石却命令何应钦派兵进攻察哈尔,日寇也向多伦大举进攻,冯玉祥被迫于同年8月4日下野。8月8日,吉鸿昌命令部队撤退。随后吉鸿昌回到天津,组织成立了"中国人民反法西斯大同盟",并被推为主任委员,进行抗日民族统一战线工作。

1934年11月9日,吉鸿昌被国民党军统特务逮捕,吉鸿昌大义凛然地说:"我能够加入革命队伍,能够成为共产党的一员,能够为我们党的主义,为人类的解放而奋斗,这是我毕生最大的光荣。"1934年11月24日,蒋介石下令枪决吉鸿昌。临刑前,吉鸿昌写下就义诗:"恨不抗日死,留作今日羞。国破尚如此,我何惜此头。"随后对刽子手说:"我为抗日而死,不能跪下挨枪,死了也不能倒下。"

从旧军人到共产主义战士,吉鸿昌用鲜血和生命来守卫自己的信仰,他高呼"抗日万岁""中国共产党万岁",从容就义,时年仅39岁。

47 李翔梧、刘志敏：
点燃革命烈焰的红色伉俪

八十多年前，在河南有一对著名的革命夫妻，他们用青春和生命点燃了革命的烈焰，他们是早期的中国共产党领导人李翔梧和刘志敏烈士。

李翔梧　　　　　　刘志敏

李翔梧、刘志敏

李翔梧，原名李凤周，1907年出生于河南洛宁。他少年时期十分好学，考入了河南省立第一师范。1925年9月李翔梧加入中国社会主义青年团，10月受党组织委派赴莫斯科中山大学学习马克思主义理论，并取俄文名字日丹诺夫。1927年李翔梧加入苏联共产党。

刘志敏，1908年出生于河南罗山。1927年刘志敏加入中国共产党，同年11月赴莫斯科中山大学学习，取俄文名字佩尔西科娃。

两人是在1928年经人介绍结婚的。1929年7月，夫妻俩回到上海从事地下工作。刘志敏在中共中央机关从事秘密交通工作，曾任闽赣省委常委、妇女部长等职。李翔梧在中共中央军事部工作，他发展了他在莫斯科大学的同窗好友、时任国民党西北军二十五师参谋长张克侠为特别党员。在淮海战役的关键时刻，已成为国民党中将战区副司令的张克侠率部起义，为夺取淮海战役的胜利起到了重要作用。1931年2月，李翔梧受命代表中央军委处理放回第一次反"围剿"中生擒的国民党前线总指挥张辉瓒的谈判问题，但因沟通不善，罪大恶极的张辉瓒已被群众处决。眼见谈判生变，李翔梧机智地摆脱了敌人，安全脱险。原解放区副总参谋长伍修权评价说："颇具文人气质的翔梧同志，才气过人，胆略机警也过人，这就是中国革命烈火中锻炼出来的文韬武略兼备的一代英豪。"

从苏联首都莫斯科到上海再到江西，李翔梧夫妇的工作环境一次比一次恶劣，责任一次比一次重大，李翔梧夫妇始

终抱定为中国人民解放事业而奋斗的坚定信念，无私无畏，英勇斗争。

1931年，根据中共中央安排，李翔梧夫妇进入苏区工作。李翔梧先后担任了中革军委总政治部宣传部副部长、红四十师政委、红十四军政委、红军总政治部敌工部长等职，参加了赣州、漳州、南雄、水口等战役和中央革命根据地第三至第五次反"围剿"作战。刘志敏主要从事妇女和支援前线的工作，先后担任建宁中心县委常委、妇女部长、宣传部部长，闽赣省委常委妇女部长等职。

为了保障主力部队长征，他们随项英、陈毅等人留守中央苏区，坚持游击战争。1935年3月，在一次突围战斗中，李翔梧身受重伤。为了掩护战友突围，他一把将背他的警卫员推开，大声喊道："你们不要管我，快走吧！将来革命胜利了，在革命烈士的名册上记下我的名字就行了。"李翔梧用尽全力牵制敌人的火力，战友们得以安全突围，而他则壮烈牺牲，时年28岁。

1934年底，刘志敏在与敌人的战斗中受伤被俘。在监狱中，她受尽敌人的严刑拷打，但她一刻也没有放弃斗争，并鼓励狱友："不管敌人耍什么花招，动什么酷刑，我们都要顶住，最后胜利一定是我们的。"恼怒的敌人决定处死刘志敏。1935年6月，刘志敏英勇就义，年仅27岁。此时的她还不知道她的丈夫已在三个月前牺牲，寄养在老家的大儿子苏生在贫困中不幸离世，而她出生不足三个月的小儿子沪生，也生死不明。在他们看来，共产党人肩负着解放全人类的神圣职责，牺牲自己甚至是整个家庭都是对革命工作应有的奉献。

李翔梧舍生取义,把生的希望留给战友,为中国人民解放事业洒尽热血。其妻子刘志敏,大别山的好女儿,宁死不屈,把监狱当作对敌斗争的战场,诠释了共产党人矢志不渝的理想信念。

48 刘伯坚："带镣长街行"

1935年3月的一天，一阵镣铐声从江西省大庾县城中心的街道上传来。众人纷纷望去，只见一位身穿破旧的红军军装、左腿负伤的中年人被一群国民党官兵押解着，拖着沉重的镣铐蹒跚地走来。他就是中国共产党红五军团政治部主任刘伯坚。在众目睽睽之下，刘伯坚神色安详，气宇轩昂地从大街上走过。回到牢房后，他即兴写下一首诗《带镣行》："带

刘伯坚

镣长街行,蹒跚复蹒跚。市人争瞩目,我心无愧怍。带镣长街行,镣声何铿锵。市人皆惊讶,我心自安详。带镣长街行,志气愈轩昂。拼作阶下囚,工农齐解放。"

刘伯坚,1895年出生在四川巴中(今四州省巴中市)一个小商人家庭,自小目睹了民众的苦难,人民生活的疾苦激荡起他的爱国的情怀。1920年刘伯坚赴法国勤工俭学,在留学期间受到共产主义思想的熏陶。1921年,他与周恩来、赵世炎等中国留学生在法国成立了中国少年共产党,1922年8月转为中共党员,曾任中共旅欧总支部书记。1923年,刘伯坚进入莫斯科东方大学学习,任中共旅莫支部和旅莫共青团负责人。1926年国共合作时期,冯玉祥到苏联考察,希望学习苏军的政治工作经验,并邀请刘伯坚进入西北军担任政治部副部长。刘伯坚来到西北军后,积极运用共产主义思想改造这支军阀部队,杨虎城、吉鸿昌、邓宝珊、赵博生、董振堂等西北军高级将领都成为刘伯坚的朋友,思想上也渐渐向共产党靠拢。

1930年,刘伯坚回到上海,并于第二年进入中央苏区,先后担任中华苏维埃共和国第一届中央执行委员会委员、中央苏区工农红军学校政治部主任。当时中原大战刚刚结束,冯玉祥被蒋介石打败,西北军全部被蒋介石收编,作为西北军主力部队的第二十六路军立即被蒋介石调往江西与红军作战,并安排中央军在后面督战。蒋介石迫使第二十六路军与红军相互残杀的阴谋,引起西北军官兵的极大愤慨。这时,在中央军委的安排下,刘伯坚悄然来到第二十六路军之中,他利用在西北军中

良好的人际关系，向被迫参加"剿共"的第二十六路军官兵分析形势，指明出路。在他的动员下，第二十六路军参谋长赵博生和旅长董振堂毅然于1931年12月14日，率领一万七千名官兵在江西宁都宣布起义，加入了红军队伍。起义部队被编为红五军团，很快成为中央红军的一支主力部队，刘伯坚担任红五军团政治部主任。

1934年10月，中央红军开始长征，奉命留守江西苏区的刘伯坚带领留守部队在雩都河上架起多座浮桥，保证了主力红军顺利渡过雩都河。主力红军撤离苏区后，刘伯坚在赣南地区坚持开展游击战争。然而，由于兵力和装备的极度悬殊，他在一次突围行动中左腿中弹负伤，不幸被捕。由于刘伯坚在西北军工作时期结识了众多国民党要员，因此国民党当局心存幻想，试图劝降刘伯坚："只要你写下悔过书并指认其他共产党员就可以恢复自由。"刘伯坚当即回绝了敌人的劝降，他唯一的要求是，希望自己在临终之前可以向亲人写几封家书。刘伯坚的其中一封家书是写给他大嫂的，拜托她将自己的三个儿子抚养成人，字里行间充满了浓浓的父爱之情。十七天后，1935年3月21日，刘伯坚英勇就义。在刑场上，他给妻子王叔振写下最后的遗言，鼓励她"望你无论如何要为中国革命努力，不要脱离革命战线"。然而，王叔振却永远无法看到丈夫的这封家书了，因为刘伯坚写这封家书之前，王叔振正在福建带领游击队与国民党部队作战，不幸被敌人的子弹击中，已经牺牲了。

49 钱壮飞：
于无声处立奇功

　　1931年4月25日深夜，在南京中央路305号国民党特务总部机要室里一名男子眉头紧锁，对着面前刚刚从武汉发来的好几封绝密电报紧张思考着，没有人能够想到此刻他手中掌握的电报足以改变中国近代史的轨迹。这名值班的男子就是国民党特务头子徐恩曾最信任的机要秘书钱壮飞。其实，他的真实身份是一名共产党的秘密情报人员，与李克农、胡底并称为中国共产党情报战线上的"龙潭三杰"。

　　钱壮飞，1895年出生在浙江湖州一个商人家庭，早年学医，1926年加入了中国共产党。他利用做医生的有利条件进行党的秘密工作，经常把党的文件和情报放在医用皮包或药箱里，以出诊为名，送到党的机关和同志们的秘密住处。1927年，大革命失败后，钱壮飞经党组织安排，于1928年初转移到上海，打入敌人内部，在隶属于国民党政府建设委员会的上海无线电管理处任职，并很快取得了处长徐恩曾的赏识。徐恩曾调任中央组织部党务调查科主任后，他就让钱壮飞担任自己的

红色基因 ★ 信念篇 ★

机要秘书。在这个特殊岗位上,钱壮飞谨慎机智,不断为党获取大量重要情报。凡是发给徐恩曾的绝密电文,钱壮飞都能够轻而易举地破译出来。蒋介石几次"围剿"中央苏区的作战计划,还没有下达给国民党的部队,就已经被送到毛泽东和朱德手中。在他的安排下,胡底和李克农也先后在天津和上海打入国民党特务组织内部,成为中共地下情报部门的"铁三角",周恩来曾感慨地说:"他们三人深入龙潭虎穴,可以说是龙潭三杰,如果没有龙潭三杰,中国共产党的历史将被改写。"

就在1931年4月25日这天晚上,正在值班的钱壮飞在短短几个小时内连续收到六封发自武汉行营的加急绝密电报,这种情况是从来没有过的,钱壮飞根据长期从事情报工作的经验判断,肯定有大事要发生了。他迅速对照密码破译了电文,电文内容让他大为震惊,原来,中共中央政治局候补委员、中共特科负责人顾顺章在武汉被捕,并且已经叛变投敌。由于顾顺章长期担任中共中央的安全保卫工作,掌握着中央大量的核心机密,整个中央机关面临着被敌人一网打尽的危险。自己必须要尽快把这份情报送出去。但怎么送出去?钱壮飞很快有了主意,当时由南京开往上海的最后一班火车将在半小时后发车,他迅速让自己的女婿连夜赶往上海,将情报准确无误地报告给党中央。接到消息后,中共中央立即在上海进行了一场紧急大转移,各部门机关迅速撤退到其他地区,几百名与顾顺章有过接触的共产党员和领导干部也在两天之内先后撤出上海或更换住处,使党避免了这场灭顶之灾。钱壮飞在关键时刻挽救了中央机关，但也暴露了自己的身份。4月27日早晨，钱壮飞平静地将六封电报递到徐恩曾手中，从容不迫地离开敌营。在走之前他还沉着的发出了一封紧急电文以通知各秘密联络站的革命同志迅速撤离。

离开南京后，钱壮飞在党组织的安排下转移到中央苏区，先后担任红一方面军保卫局长、中央军委第二局副局长等职务，依旧负责情报和侦查工作。1934年10月，钱壮飞跟随中央红军一同长征，一路上，他与负责情报工作的中央军委二局局长曾希圣紧密配合，指挥红军的无线电部队，沿途监听敌军的无线电信号，截获敌军密码，破译敌军电文，将敌人兵力的调动情况摸得一清二楚。所以，红军在长达一年的长征过程中，不但从来没有中过敌人的埋伏，而且总能找到敌军布防的薄弱部位，游刃有余地来往穿插。在通过监听敌军电台获取情报的同时，钱壮飞还加强了红军电台的保密措施，规定电台的关键部件必须由几名同志分别携带，两部电台之间不能随便联系，并对原有的密码再次进行了加密，使敌军从来没有破译出红军的电文。1934年12月初，经过惨烈的湘江血战后，中央红军和中央机关人员已从出发时的八万六千人锐减至三万余人。这时，钱壮飞将一份敌军布防图送到毛泽东面前，建议向敌人兵力薄弱的贵州进军。从1936年1月到4月，红军在贵州忽东忽西，神出鬼没，两克娄山关，两占遵义城，两渡乌江，四渡赤水，在战斗中接连取得胜利。国民党几十万大军疲于奔走，狼狈不堪，却丝毫抓不住红军的踪迹。毛泽东为此赞扬说："进军

贵州,曾希圣、钱壮飞是出了大力的。"不幸的是,在1935年3月,红军在贵州金沙县一带遭到敌机轰炸,钱壮飞为躲避空袭与部队失散,从此下落不明。直到新中国成立后,人民政府审讯当地反动民团的头目,才得知钱壮飞确实已经牺牲了。那天,他在寻找部队的途中惨遭国民党民团杀害,遗体还被抛进了山洞之中,牺牲时年仅39岁。

钱壮飞无愧为中国共产党隐蔽战线上的光辉代表,凭借着对革命事业的坚定信念和赤胆忠心,深入敌人的龙潭虎穴,保卫了党中央的安全,为革命事业做出了卓越的贡献。

50 聂耳："国之歌者"

1949年10月1日，天安门前红旗飘扬，鲜花怒放，北京数十万群众齐聚天安门广场，中华人民共和国开国大典在北京天安门广场隆重举行。毛泽东亲手按动电钮，第一面五星红旗在天安门广场上冉冉升起。与此同时，五十四门礼炮齐鸣，广播里随即播放《义勇军进行曲》："起来，不愿做奴隶的人们……"所有的人都跟着一起唱，数十万人的歌声响彻古老的北京城，涤荡着一切旧事物，宣告新世界的诞生。《义勇军进行曲》的歌词雄壮有力，旋律

聂耳

· 161 ·

激昂动听,再次把人们带回到那硝烟四起的烽火岁月。而它的曲作者、23岁英年早逝的聂耳也从人们的记忆深处走来。

聂耳,1912年出生于云南昆明。他从小就受到云南丰富优美的民间音乐和地方戏曲的熏陶,显示出非凡的音乐才能。1928年,聂耳加入中国共产主义青年团,此后经常参加中国共产党领导的革命活动。1931年,19岁的聂耳考入了明月歌剧社当练习生,歌剧社的生活提高了他的艺术技能,丰富了他的生活经验,开阔了他的艺术视野。1931年9月18日,九一八事变爆发,国家面临危险,而此刻的歌剧社却依然一片歌舞升平。在国难当头的时刻,聂耳一遍遍地问着自己:成为一个小提琴名家又能怎么样?你能带动鼓动劳苦群众的情绪吗?面对这个问题,聂耳放弃了当音乐家的梦想,毅然离开了明月歌剧社。

就在聂耳思考怎样去做革命音乐的问题之际,他结识了革命戏剧家、诗人田汉,在党组织的培养和教育下,聂耳的思想觉悟不断提高。1932年7月,他在中共地下党领导的左翼电影者主编的《电影艺术》杂志上发表了题为《中国歌舞短论》的文章,指出,明月歌剧社是为歌舞而歌舞,不符合时代需要,歌舞必须为大众服务。1933年初,日本帝国主义不断侵占中国领土,民族危机日益深重,与此同时,国民党反动派却开始对革命根据地实行最疯狂的军事"围剿"和文化"围剿"。在白色恐怖的笼罩下,聂耳经田汉介绍,毅然加入了中国共产党。入党后的聂耳,以饱满的革命热情成功地创作出了多首充满战斗激情和赋予劳动人民感情的乐曲,这些旋律真切地反映着工人的生活，受到了人们的热烈欢迎。

作为共产党人，聂耳对信仰的坚定执着同样感动人心，是当之无愧的"人民音乐家"。1935年初，上海电通影片公司决定拍摄电影《风云儿女》，但编剧田汉却被国民党当局以宣传赤化的罪名逮捕，电影剧本只好由夏衍完成。当时聂耳在党组织的安排下正准备去日本，以便再转到苏联去考察学习，在听到田汉被捕的消息后，他找到夏衍，主动请求为《风云儿女》的主题歌谱曲。得到首肯的聂耳，将自己关在房间内忘我地创作。他时而在钢琴上弹奏，时而用手在桌上打着拍子，时而在地板上走来走去。两天过后，聂耳谱写出了初稿，这就是后来震撼中华大地、举世闻名的《义勇军进行曲》。聂耳的音乐创作引起反动当局的恐慌和仇视，之后他按照党组织的决定离开上海，取道日本去苏联。不幸的是，1935年7月17日，23岁的聂耳在日本藤泽市鹄沼海滨游泳时溺水身亡，此时他还没来得及看到电影《风云儿女》，也没有听到合成后的《义勇军进行曲》。

《义勇军进行曲》表达了亿万人民共同的心愿，喊出了中国人民要求奋起抗战的呼声，发出了中华民族的怒吼，它迅速风靡中华大地，并且经久不衰。1949年9月，中国人民政协商会议第一届全体会议确定《义勇军进行曲》为代国歌，1982年12月，中华人民共和国第五届全国人民代表大会第五次会议确定《义勇军进行曲》为国歌。

51 方志敏："清贫"的共产主义战士

"敌人只能砍下我们的头颅，决不能动摇我们的信仰！因为我们信仰的主义，乃是宇宙的真理！为着共产主义牺牲，为着苏维埃流血，那是我们十分情愿的啊！"是什么造就了我们伟大的党，造就了我们党伟大的事业？是我们无数战士的信仰，无数战士的鲜血。这些振聋发聩的呐喊，这种坚定的信仰来自像方志敏这样伟大的共产主义战士们。

方志敏，1899年出生于江西上饶，他是中国共产党早期的革命家、军事家，土地革命时期闽浙（皖）赣革命根据地和红十军团的缔造者。方志敏是江西农民运动的组织者和领导者，创建了中国共产党历史上最早的一批苏维埃政权。

1935年1月29日，陷入国民党重重包围的方志敏在江西省玉山县怀玉区被国民党反动派抓捕。国民党给方志敏戴上了一副十斤重的铁镣。他的腿被磨得化了脓，寸步难行。虽然身陷囹圄，行动不便，但是方志敏决定用笔做武器，为党和革命的伟大事业，为了"可爱的中国"，继续战斗。他要在生命的最后时刻,倾吐对党对祖国的赤子之心。

在狱中,他把纸裁得一块一块,不断写着"你爱母亲吗""你怎么去爱你母亲""你怎么去救你母亲"等这样的字条给看守的士兵,那些看守的士兵不敢明着看,就赶快收到口袋里到厕所里看。方志敏用伟大的信仰和深沉的爱国精神感动了看守,看守们极为钦佩方志敏,默默地把爱国救国精神放在心里,并把方志敏十斤的脚镣减到四斤。

这一时期,方志敏完成了《清贫》《可爱的中国》等十六篇文稿,共计二十余万字。他在《可爱的中国》中用饱含深情的语气表达了对祖国母亲的热爱之情,对祖国未来充满了希望。这是一位共产党人在生命最后时刻的内心独白,字里行间流淌着共产党人对信仰的绝对忠诚,对国家和民族的深沉大爱,他用生命诠释了一个共产主义者的无畏品格,实践了"努力到死,奋斗到死"的铮铮誓言。

为了诱降方志敏,国民党许以高官厚禄,都被方志敏严词拒绝。国民党不甘心,又拿方志敏的妻子缪敏和孩子威逼他。方志敏放声痛哭,他多想和亲人们团聚,听孩子叫一声爸爸。可是,他有自己的信仰,有自己的使命,他要对党忠诚。即使在生命的最后时刻,他依然用文字作为斗争的武器,为满目疮痍的祖国母亲呐喊:"从帝国主义恶魔生吞活剥下,救出我们垂死的母亲!"他当然知道国民党不会再给他拯救祖国母亲的时间和机会了。

诱降失败之后,国民党反动派下达了"秘密处死方志敏"

 ★ 信念篇 ★

的手令。1935年8月6日,天空下着细雨,一群全副武装的国民党反动派将方志敏反扣双手,押出监狱。方志敏神色泰然,从容不迫地向外走去,牺牲于南昌下沙窝,年仅36岁。直到十几年后,家人才知道他牺牲的确切消息。

毛泽东评价方志敏"是有勇气、有志气而且是很有才华的共产党员,他死的伟大"。习近平总书记深情地说:"我多次读方志敏烈士在狱中写下的《清贫》。那里面表达了老一辈共产党人的爱和憎,回答了什么是真正的穷和富,什么是人生最大的快乐,什么是革命者的伟大信仰,人到底怎样活着才最有价值。每次读到都受到启示,受到教育,受到鼓舞。"

52 胡底：
"北望"的信念

在今四川省阿坝藏族羌族自治州内，曾经的长征路上，有一座纪念碑，名为"北望"，纪念碑前有一个人物铜像，望向北方，那是长征的方向，也是他生前向往的地方。这个北望的铜像就是被周恩来总理称为"龙潭三杰"之一的、党隐蔽战线上的优秀工作者——胡底。

胡底，1905年生于安徽舒城一个地主家庭，自幼聪明好学。早在中学时期，他就开始思索救国救民的道路。1923年，刚读两年中学的胡底就考入北京的中国大学。在大学期间，胡底阅读了《新青年》《每周评论》《向导》《晨报》等一系列进步刊物和大量进步文章，了解到了马克思主义。他的思想愈加清晰——要走革命道路，树立坚定的共产主义信仰。此后，他接触到了许多志同道合的革命志士，其中就有日后跟他一起战斗在党的隐蔽战线上的钱壮飞。1925年，胡底和钱壮飞一起正式加入了中国共产党。入党后，胡底更加不遗余力地从事革命活动。他经常想尽各种办法秘密地张贴标语、散发传单，宣传

革命思想。为了更好地开展工作,胡底与钱壮飞凭借自身的才华还开办过一个电影公司,地址设在北京护国寺附近的一处院子,大门口挂着公司的黑漆招牌"光华"。他们就以电影公司的工作人员和演员为掩护身份,秘密进行革命活动。

　　1927年,蒋介石发动四一二反革命政变,在全国制造白色恐怖。大批共产党员遭到杀害,革命形势陷入低潮。胡底他们也被敌人盯上,只好离开北京,转移到了上海。由于当时上海党组织受到严重破坏,刚到上海的胡底与党组织失去了联系。为了隐藏自己的身份以便继续秘密革命,他利用在北京从事电影行业的经验化名应聘到"上海影片公司"当演员。1928年夏,胡底与党组织取得了联系,在党组织的指示下,他利用演员的身份拍摄了一些有利于革命宣传的影片。此时,由于钱壮飞已经奉命打入国民党特务机构中统内部,知道国民党要扩大特务组织,觉得这是一个好机会,便向党组织请求,趁机让胡底、李克农都打入国民党中统,为党获取更多的情报。请求得到了党中央的同意,他们三人自此潜伏在敌人的要害部门,将国民党的核心机密源源不断地及时传送出去。三人还借着国民党中统在各地设立特务机关的机会,分别在南京、上海和天津建立起了一套情报机关,对外以通讯社和广播新闻社的旗号为掩护。钱壮飞负责南京、李克农负责上海,而胡底则负责天津,结成了牢固的三人情报小组。在短短一年多的时间里,胡底就和战友钱壮飞、李克农在敌人的龙潭虎穴中纵横,为党夺取了一块非常重要的情报阵地,为党的革命工作提供了大量及时的情报，包括国民党对中央苏区的几次"围剿"作战计划，对红军的反"围剿"斗争起到了至关重要的作用。周恩来对他们三人的工作给予了高度评价，称赞他们是党在隐蔽战线上的"龙潭三杰"。

1931年，由于革命形势的需要，胡底前往中央革命根据地。在根据地，胡底继续从事政治保卫工作，任政治保卫局执行部审讯科长。1934年10月，胡底跟随中央红军开始长征。在行军过程中需特别注意侦查敌人的行动，胡底因多年从事地下工作，相关经验丰富，红军总司令任命他为中央军委侦察科科长，负责侦察工作。有一次，胡底利用侦察到的情报指挥侦察员俘获了敌人的一辆军用汽车，车上有许多行军途中所需的军用地图、药品、食品等物资，一时传为美谈。

1935年6月，红一方面军翻过夹金山，到达四川懋功县，与红四方面军会师。会师后，党中央政治局在两河口召开扩大会议，决定红一方面军和红四方面军一起北上，创建川陕甘革命根据地。而此时领导红四方面军的张国焘却实施分裂行为，指挥军队南下，与党中央唱反调，这对于处在艰苦长征途中的共产党和红军来说无异于雪上加霜。对张国焘的分裂言行，胡底很反感，不时有愤慨之语。这让张国焘恼羞成怒，竟然以"反革命"的罪名将胡底控制起来。但胡底仍然坚持捍卫党中央的正确领导，与张国焘分裂党的活动作斗争。1935年9月，张国焘另立"中央"，公开搞分裂。为排除异己，杜绝"隐患"，在部队行至阿坝藏族自治州松岗地区时，下令将胡底秘密杀害。

 ★ 信念篇 ★

胡底牺牲时，年仅30岁。是坚定执着的信念，支撑着胡底在龙潭虎穴的国民党内部同敌人周旋；是坚定执着的信念，使他勇敢地同张国焘分裂共产党的行为做抗争，直至献出宝贵的生命。"北望"雕塑则昭示着胡底信念不息，战斗不止。

53 李美群：马前托孤

江西省赣州市兴国革命烈士纪念馆内陈列着一座"马前托孤"的塑像，表现的是李美群烈士在孩子未满月时即踏上归队的行程，将孩子托付给他人，自己继续参加革命战争的故事。

1911年，李美群出生于江西兴国一个贫苦农民家庭。受当地革命运动的影响，她在1929年加入中国共产主义青年团，次年加入中国共产党。李美群组织妇女成立了赤卫队、运输队和救护队等，为红军运送弹药、物资和伤员，积极配合红军的反"围剿"斗争。

1934年1月，李美群生下女儿不久，就收到了省委的决定，让她尽快归队，参加游击战争，此时她的丈夫倪志善刚跟着红军主力长征出发没几天。由于女儿太小，带着不太方便，为了义无反顾地参加革命斗争，李美群把未满月的女儿包好，含着眼泪交给当地的一位老妇人，请她代为抚养。老太太颤颤巍巍地接过孩子后，为难地说："孩子，我自己这条老命都不知道什么时候就没有了，怎么敢保证能养大你的女儿啊。"李美群忍

痛说:"如果您老人家带不了就替我送给别人吧。不过,要把她送给革命同志的家庭。"老太太在她临行前又想起一件事,说:"孩子,你给你的孩子起个名字吧。"李美群思索了一下,用坚定地语气说道:"就叫她全列吧,列宁创造的苏维埃旗帜,一定能够插遍全中国。"说完,她毫不犹豫地骑上省委通讯员送来的战马,拖着产后虚弱的身子,日夜兼程地返回宁都江西省委。这也就是"马前托孤"这座雕塑诉说的故事。

归队后的李美群与中共江西省委书记曾山、省苏维埃政府主席刘启跃、省军区司令李锡凡等人一道,组建了江西省游击队,转战在宁都、兴国、永丰、乐安、宜黄的崇山峻岭之间。后来游击队化整为零,分散活动,李美群带着一支小分队在宁都小布一带,与敌第九十四师周旋两个多月。1935年1月,大雪封山,李美群被敌人困在密林,弹尽粮绝,最终受伤被俘。

在狱中,面对敌人的严刑拷打,李美群表现出一个共产党员的浩然正气与铮铮铁骨。敌人问她:"你在共产党内担任什么工作?""推翻欺压工农的反动政府,打倒吸穷人血汗的官僚地主!"李美群给出了干脆的回答。敌人恼羞成怒,大声吼道:"你不怕死吗?知不知道这是什么地方?"李美群横眉冷对:"若是怕死,就不革命,我知道这是地狱。"见李美群坚忍不屈,敌人便对她进行了严刑拷打,毒打、灌辣椒水、踩杠子、手指刺针……但她总是咬紧牙关,从不求饶。

当时关押李美群的女监内,每间牢房关三个以上犯人,但只有两张两尺左右宽的床,中间留有一条不到二尺宽的过道。

除了关押政治犯以外,牢房中还有刑事犯、娼妓和一些形迹可疑的人。其中,政治犯待遇最差,只能睡在两张床中间不到二尺宽的潮湿地板上。监狱内条件艰苦,人员复杂,除了彼此熟悉了解的同志,对外人说话都得十分谨慎,很多同志的情绪受到影响。而李美群则利用一切机会鼓励难友要相信苏维埃,相信共产党,坚持到底。由于恶劣的环境,李美群入狱后染上了肺病。1936年春,长期饱受病痛折磨和牢狱摧残的李美群病逝,年仅25岁。

54 杨厚珍："三寸金莲"走长征

妇女是中国革命不可缺少的生力军。1934年10月，红军开始了两万五千里的长征。在漫漫长征路上，同样活跃着红军女战士的身影。她们跟男战士一样，经历了数次枪林弹雨，一次次与恶劣的环境顽强斗争，为长征的胜利同样作出了不可磨灭的贡献。她们的长征，更是用信仰、意志和情怀铸就的不朽丰碑。而在长征北上的女红军中，有这么一群被称为"八大姐"的女性，她们有贺子珍、康克清、邓颖超、蔡畅

杨厚珍

等，其中，还有一位女红军，是中央红军中唯一有着"三寸金莲"的女人，她就是杨厚珍。

杨厚珍，江西瑞金人。因家庭封建思想浓厚，她从七岁时就被强制缠足，双脚硬生生地被裹成了"三寸金莲"。虽然身体上遭受痛苦，但杨厚珍非常好学，经常缠着大哥教她识字，因此她的识字水平大增，能够读懂很多书籍，接触到很多进步知识，思想上也受到很深的熏陶。特别是红军在江西开展革命活动后，杨厚珍对革命有了更清晰的认知。1929年11月，杨厚珍跟随丈夫罗炳辉加入红军，从此，杨厚珍跟随罗炳辉走上了革命道路，投入到如火如荼的中央苏区革命运动中。她不仅放开包裹多年的小脚，解放了双足，更融入苏区的革命生活中，解放了思想，并于1931年加入了中国共产党。1934年10月，罗炳辉率第九军团出发长征，杨厚珍作为家属随中央纵队行动。然而对于杨素珍来说，即使小脚放开了，但由于缠足多年，她的双脚已被挤压得脚趾变形，不可能恢复如初，跟"天足"一样。尽管这样，杨厚珍还是坚定地迈着她那双曾经的"三寸金莲"，如今的"解放脚"，充满信心、毫无畏惧地走上了漫漫长征路。

杨厚珍可能也没有想到这一走就是两万五千里。著名作家丁玲曾采访过那些经历长征的女战士并感慨万分："长征最苦的是，苦了女兵。"因为长征这条艰难的行军路上，女战士不仅同样要面对各种的艰难险阻，而且还要克服自身性别带来的一系列特有困难，必须付出更多的辛苦和牺牲。特别是像杨厚珍这

★ 信念篇 ★

样的女战士,受脚的限制却要靠脚去走长征。但以杨厚珍为代表的红军女战士们却无比坚定:"男红军能吃得消,我们也能吃得消,再大的困难我们也能克服!"无论多么艰难,杨厚珍都是咬紧牙关,誓用"三寸金莲"寸量两万五千里,坚定地走在革命的道路上。

在行军途中,杨厚珍跟随部队来到贵州盘县一个山村附近休息的时候,突然遭到了敌机袭击,因为没来得及躲避,杨厚珍被炸晕了。战友们看到血肉模糊、呼吸微弱的杨厚珍,都以为她牺牲了,纷纷上前向其"遗体"告别。庆幸的是,一位战友发现她的眼睛动了一下,大家立刻将她送医抢救。经过医生的奋力抢救,杨厚珍从鬼门关回来了。虽然捡回了一条命,但由于伤势较重,杨厚珍被定为三等残废,被安排在残疾医院医治、休养。等身体好转后,杨厚珍继续走在长征的路上,最后顺利地到达了陕北根据地。

杨厚珍说:"长征路途中虽然辛苦,但能跟着共产党打天下,再苦再累都是值得的。"心中坚定的信念,使杨厚珍坚信长征一定会胜利,革命一定会胜利。她克服了"三寸金莲"的困难,坚持走完了长征,不仅保留了革命的火种,还迎来了胜利的新中国。

55 | 周广才：半截皮带

在南部战区陆军第七十五集团军某红军旅四连的荣誉室里，珍藏着一条被截断了的老旧皮带。2016年1月5日，习近平到重庆视察。在七十五集团军军史馆，习近平边听边看，不时询问有关情况。他在三件展品前驻足的时间最长，其中之一就是长征中红军战士周广才过草地时保留下来的半截皮带。

由于国民党的"围剿"，红军开始了两万五千里长征，爬雪山、过草地，历经千难万险。1936年，红四方面军和红二方面军会师后共同北上，再次通过茫茫草地。在艰难的长征途中，红军战士不仅要面对敌人的围追堵截，而且还要面临着自然条件恶劣、缺衣少食等重重困难。

1936年7月，红四方面军第三次穿越草地。周广才就是其中一名战士，当时的他只有14岁。他所在的班原有十四名战士，这时只剩下七个人了。长征时，红军过草地，条件可谓是艰苦卓绝，要克服偏远贫瘠、敌人封锁、连续作战等各方面的困难。在种种不利的条件下，红军的粮食紧缺问题是比较严重的。走了不到一半的路，周广才他们就断粮了，只能挖野菜、吃草根、啃树皮，可即便这么困苦也坚持不了多久。到了后来，野菜、草根、树皮都没有了，战士们只好把枪带和鞋上的那点皮子给抠下来果腹。但这还远远不够，大家只好打起腰上皮带的主意了。

周广才的皮带是在1934年红军任合场战斗中缴获的战利品，分配给他后，平时被他像宝贝一样护着，所以大家决定先煮其他六位战友的皮带。不久，六根皮带就全部吃光了，最终还是轮到周广才的宝贝皮带了。当时还是个14岁孩子的周广才十分不舍，哇哇大哭。但为了自己的战友，周广才还是把皮带贡献了出来。

战友们深知这条皮带的意义，为了少吃，战友们把它切成一段段细细的皮带丝，泡在汤水里。周广才越看越难受，当皮带第一个孔前面那一截被吃完后，他实在忍不住了，就恳求大家说："我不吃了，同志们，我们把它留着做个纪念吧，我们带着它去延安见毛主席。"战友们听了周广才的话，都停下了，大家感受到了一股坚持下去的力量。带着对胜利的信心、对未来的憧憬，大家忍着饥饿，将这吃剩的半截皮带珍藏了起来。

遗憾的是，在随后的长征途中，周广才的六位战友相继牺牲，只剩他自己跟随队伍最后到达了延安。拿出牺牲的战友们省下来的这半截皮带，周广才在背面烫上了"长征记"三个字。这短短的三个字，道出了周广才他们班，他们军，还有所有红军战士们为革命所做的伟大牺牲。

"牛皮腰带三尺长,草地荒原好干粮。开水煮来别有味,野火烧熟分外香。一段用来煮野菜,一段用来熬鲜汤。有汤有菜花样多,留下一段战友尝。"如今,这首长征时候红军战士间流传、后经重新作曲的《牛皮腰带歌》的旋律仍然激励着战士们听党的话、跟党走。

习近平总书记说:"红军战士宁肯忍饥挨饿,也要将半截皮带留下来。带着它'去延安见毛主席'。这就是信仰的力量,就是'铁心跟党走'的生动写照。"

56 刘志丹：
为共产主义信仰奋斗到底的"罗宾汉"

1936年夏天，美国记者埃德加·斯诺在陕北苏区采访的途中，多次听到战士和百姓们唱着一首歌曲："正月里来是新年，陕北出了个刘志丹，刘志丹来是清官……"这首歌曲里多次出现"刘志丹"这三个字，让斯诺印象深刻，也让斯诺对刘志丹这个人产生了极大的兴趣。斯诺询问随行的翻译："刘志丹是谁？是否可以对他进行采访？"翻译却告诉了斯诺一个令人悲痛的消息。

那是在1936年4月14日，红军夺取山西中阳县三交镇的战斗激烈地进行着。由于敌人居高临下占据优势，部队的前进速度非常缓慢。指挥员刘志丹不顾个人安危来到前沿阵地，与同志们共同战斗。刘志丹站在高处观察和分析着战场上的情况，枪林弹雨中，同志们都劝刘志丹赶快转移到安全的地方，刘志丹却沉着坚定地说："观察地形和敌情要紧，快向敌人射击，摸清敌人的火力。"就在刘志丹指挥着红军战士对敌人重新发起攻击的时候，敌人的机枪突然开始猛烈扫射，正在用望远镜观察敌情的刘志丹，不幸左胸中弹，当即昏迷过去。过了一会儿，刘志丹恢复了一些意识，但他说的第一句话却是"不要管我，赶紧消灭敌人"。

刘志丹

毛泽东知道刘志丹牺牲后非常悲痛，他说："我到陕北，只和刘志丹同志见过一面，就知道他是一个很好的共产党员。"作为一名共产党员，刘志丹对革命事业一直怀有坚定的信心。在从事革命初期，他经历过多次失败，但是这些失败并没有击垮这位坚定的革命战士，他的一生都在用坚强的意志，书写着一

位共产党员不屈不挠的革命征程。

刘志丹生长在贫瘠落后的陕北，目睹了民不聊生、饿殍遍野的凄惨景象，他对旧中国的黑暗状况十分不满。五四运动之后，在新文化、新运动的影响下，他开始崇尚民主科学，反对封建压迫。他在榆林中学学习的时候，接触到了马克思主义，认识到只有社会主义才能救中国。1925年，他加入中国共产党，成了一名的坚定的共产党员，决心"为自己的信仰奋斗到底"。

1927年，刘志丹来到农村开展工作，他帮群众挑水、劈柴、扫地，和他们拉家常，向群众宣传革命的道理，让群众知道只要劳动人民团结起来就能打倒地主豪绅，就能推翻反动派的统治，过上幸福的生活。这些浅显的道理，老百姓一听就懂，村民们的思想觉悟很快得到提高，长期压在群众心头的乌云被驱散了，革命的热情像火山一样迸发出来。

1928年，渭华起义爆发，这是刘志丹创建的革命军队的起点，起义军公开使用了"工农革命军"的旗帜。渭华起义是继南昌起义、秋收起义和广州起义之后中国共产党在西北地区举行的规模最大的一次起义，但是由于敌我兵力悬殊等原因，起义军遭受到重大损失。虽然这次起义失败了，但是极大地打击了国民党反动派的嚣张气焰，鼓舞了人民革命的斗志。此时的刘志丹并没有因为起义失败而灰心，他仍然坚持革命斗争，要把星星之火燃遍西北大地。

为了创建革命武装，刘志丹凭借非凡的胆略一次次打入国民党反动派军队内部，进行"兵运"工作，组织革命武装力量，表现出了一个共产党员不畏艰险、不怕牺牲的英雄本色。刘志丹还广泛开展统一战线工作，通过宣传进步思想，团结吸纳了一部分思想进步人士和地方民间武装，加上原有的游击队，组建了西北地区第一支红军队伍——中国工农红军第二十六军。

1934年5月，陕甘边苏维埃政府成立，刘志丹任陕甘边军事委员会主席。此后，根据地各县区都相继建立了红色政权，南梁革命根据地也因此得到巩固，成为武装斗争的坚强堡垒。正是由于刘志丹创造性地实施了一系列正确的方针政策，才使陕甘边、陕北革命根据地连成一片，成为土地革命时期全国仅存的一块具有战略基地作用的革命根据地，成为党中央和各路红军结束长征的立足点和党中央领导中国革命的大本营。

57 赵一曼：
甘将热血沃中华

1949年新中国成立之后，一位叫李坤杰的老人一直在努力寻找她在战争中失散的妹妹李坤泰。这时，有一部电影在全国上映，片名叫作《赵一曼》。李坤杰老人看了三遍，每看一遍都泪流满面。荧幕上的赵一曼性格刚毅，坚强不屈，是一个十足的女英雄，这让李坤杰老人非常地感动，但她从未想过将这个女英雄和自己那个柔弱的妹妹联系在一起。李坤杰的妹妹李坤泰，1927年秋天，被党中央派去莫斯科学习。1928年底，李坤泰回国后，家人就与她失去了联系。李坤杰一直在寻找妹妹，一直到1956年，《工人日报》的记者带着李坤泰的照片到黑龙江省去采访查证，才确认李坤泰就是后来在东北进行抗日活动时改了名字的抗日民族女英雄赵一曼。

赵一曼，原名李坤泰，1905年出生于四川宜宾。她从小就渴望学习新知识，渴望了解社会，认识大众，立志学习德国的女革命家卢森堡、中国的秋瑾，做革命的女先锋。思想进步的她于1923年冬加入中国社会主义青年团，1926年加入中国共产党。1927年，四一二反革命政变发生后，中共中央决定选送一部分青年党员到苏联学习，赵一曼也在其中。留学过程中，她认识了后来的丈夫陈邦达。他们在莫斯科中山大学一起学习、生活，并结了婚。赵一曼怀孕后，由于身体状况极差，不能继续上课，丈夫为了照顾她也只能停止学习。赵一曼觉得自己不能继续学习，已经非常对不起党组织，再加上拖累丈夫学习，她更是感到深深的自责。于是，她瞒着丈夫向党组织提出了回国的申请。1928年，赵一曼回国后，便立即投入到工作中，随后生下了儿子宁儿。1931年，九一八事变爆发后，大批爱国志士奔赴东北，中共中央也派出大批优秀干部奔赴东北，以加强东北抗日斗争的领导力量。从事多年革命工作的赵一曼也被党组织派往东北地区，组织和发动群众进行抗日斗争。临行前，赵一曼把孩子托付给了亲友，一个人离开了上海，奔赴抗日前线东北，不料这竟成了他们母子间的永别。

1934年至1935年，赵一曼任中共珠河中心县委委员、铁北区区委书记，发动群众建立农民游击队，配合抗日部队作战。后来，哈尔滨白色恐怖严重，她只好撤退。撤退的时候，组织部部长找她谈过话，赵一曼可以回到相对安全的关内去。她立即表示，自己在黄埔学习军事，到苏联去学的也是军事，坚决要求到游击区继续开展抗日斗争。1935年秋，赵一曼兼任东北人民革命军第三军一师二团政委，群众亲切地称她"瘦李""李姐"，而当地战士们则称她为"我们的女政委"，日伪

★ 信念篇 ★

报纸也惊叹这位"红枪白马"的妇女。

1935年11月,在与日伪军作战时,赵一曼不幸受伤被捕。作战时,团长让她带着人突围,她说我是政委,坚持让团长带队突围,她来掩护。为逼迫赵一曼供出东北抗日联军和中共地下组织的机密,日本宪兵用尽了人们闻所未闻、想都想不到的各种酷刑,竹签钉满了赵一曼的十指,热辣椒水和凉汽油交替往赵一曼的喉管和鼻孔里灌等。赵一曼忍着伤痛怒斥日军:"你们可以让整个村庄变成瓦砾,可以把人剁成肉泥,可是你们消灭不了共产党人的信仰。"表现出了一个共产党员坚强的意志和誓死抗日的决心。12月,赵一曼伤势严重,生命垂危,日军为得到重要口供,将她送到哈尔滨市立医院进行治疗。在治疗期间,赵一曼争取了敌人派来监视他的警察董宪勋和护士韩勇义的同情和帮助。一天夜里,赵一曼逃了出去,在离游击区还有二十多里的路上被敌人追上,不幸又落入魔掌。敌人对她施以坐老虎凳、刮肋骨、烙铁烫、电刑等十几种酷刑,但她始终坚贞不屈。最后日军恼羞成怒,决定将赵一曼押运到珠河地区杀害,这里曾是她开展抗日活动的地方。在押送的火车上,赵一曼给心爱的儿子写下了催人泪下的遗书:"宁儿,母亲对于你没能尽到教育的责任,实在是遗憾的事情。母亲因为坚决地做了反满抗日的斗争,今天已经到了牺牲的前夕了,母亲和你生前是永远没有再见的机会了。希望你,宁儿啊,赶快成人,来安慰你地下的母亲。我最亲爱的孩子啊,母亲不用千言万语来教育你，就用实际行动来教育你，在你长大成人之后，希望不要忘记，你的母亲是为国而牺牲的。"这份遗书浸透着中国共产党人为国家、为民族甘愿献出一切的英雄气概，也表达了一个母亲对自己孩子寄予的无限希望。1936年8月2日，赵一曼牺牲，年仅31岁。

58 陈海松：红军史上最年轻的军级干部

红军在第五次反"围剿"失败后，开始了两万五千里长征。在漫漫长征路上，大约有十万多名优秀的红军战士献出生命，而在长征史上牺牲的最年轻的指挥员，就是时任红四方面军红九军政委年仅23岁的陈海松。

陈海松，1914年出生于河南罗山。他从小革命意志坚强，早在1930年春，年仅16岁的陈海松就担任了当地苏维埃政权儿童团的团长，开始了革命斗争。在儿童团的工作使他更加向往加入红军，他立志要像红军一样为劳苦大众求解放。虽然他的父母不同意，但陈海松偷偷跟着过路的红军坚定地走上了革命的道路。到了部队不久，积极进步的陈海松就加入了中国共产主义青年团，第二年春加入中国共产党。陈海松年轻有为，开始只是担任许世友的勤务兵，后迅速提任营传令班长、战斗连排长。他在双桥战斗中表现英勇，身负重伤，伤愈后调任为第十三师政治部宣传队长。在张国焘大搞分裂主义、肃反扩大化的时候，陈海松受到了不公平待遇，险些被杀害。在红四方面军成立后,他就被降到第十二师第三十六团第九连当战士。但他毫不气馁,信念坚定,执着坚守党的正确路线,积极认真工作,屡建奇功。他也迅速地从第三十六团的一名普通战士升职到连宣传队长、营宣传队长、团政治处宣传队长。特别是在商(城)潢(川)战役、潢(川)光(山)战役中,陈海松领导的团宣传队十分活跃。战役结束,他被提升为三十六团特务连指导员,后又因显著战功调任团机枪连指导员。不久之后,陈海松调升第三十六团政委。1933年6月底,陈海松因其出色的军事才能升任红二十五师政委。1933年10月,陈海松的部队奉命坚守宣汉、达县、万源一带,结果以少胜多,取得了宣汉战役的胜利。陈海松因在战斗中屡屡立功,被提升为红九军政委,成为红四方面军最年轻的军级干部。

担任军政委后,陈海松非常重视治军工作。因为他年龄偏小,可以说与其他战士同龄,因此他与战士们的关系也非常融洽。他不仅和战士们一起聊天谈家常,还一起摔跤、比赛投手榴弹,和战士们打成一片。他关注战士们的方方面面,红四方面军过草地时,后勤部门给他配备了较多的干粮和腊肉,但他自己却常挖野菜吃,而把节省下来的干粮和腊肉送给伤病员。

陈海松虽然年轻,但从未忽视自己的理论学习。他把一些马列书籍和学习文件捆在包里,随时带在身上,一有时间就拿出来学习。此外,陈海松也特别认真地研读一些军事书籍,提高自己的军事理论水平。他还将理论与实际相结合,虚心向有经验的老同志请教,这都使他很快成为一名智勇双全的军事指

 ★ 信念篇 ★

挥员。

不幸的是,1937年3月12日,陈海松指挥部队在甘肃省临泽县梨园口与国民党军激战时,为掩护总部和兄弟部队安全转移,顽强阻击数十倍于己之敌达七小时之久,直至壮烈牺牲,年仅23岁。

59 陈为人："一号机密"守护者

革命时期，有位党员高价租着一个月三十块银圆的楼房，却每天只吃两顿山芋粥充饥；白天穿着贵气时髦的衣服，以富商的身份悠闲地谈生意，晚上却在密不透光的屋内，通宵达旦地誊抄整理机密文件。这个看上去"爱面子、充面子"的人就是保护了中央文库安全的烈士陈为人。

陈为人，1899年出生于湖南江华（今湖南省永州市江华瑶族自治县）。陈为人自小勤奋上进，五四运动后，陈为人首批加入中国社会主义青年团。1920年底，陈为人作为革命培养干部被派往苏联学习。1921年底，陈为人回国，加入了中国共产党。他先在北京开展工人运动，后又到东北等地开展革命活动，推动当地党组织的建立。

1929年，陈为人调回上海，在党中央机关负责各种秘密工作。当时，国民党在上海制造的白色恐怖极为严重，大批党员遭到屠杀，党组织遭到破坏。在如此险恶的环境下，陈为人于1932年下半年毅然接受了保卫中央文库的重要工作，并立下誓

言:"以生命来保卫党的文件。"陈为人保管的中央文件达二十多箱,是党的"一号机密"。为了不引起怀疑,更好地守护文件,陈为人开了一家湘绣店做掩护,伪装成富商家庭。他在外人面前穿着入时得体,悠闲自在。但到了晚上,他就通宵达旦地整理文件。他把文件的内容从厚纸张抄写到薄纸张上,从大字抄写成小字,把文件的空白边剪掉,尽一切可能地减少文件存放的体积,缩小目标,便于保管和转移。妻子韩慧英是他的得力助手,负责文件的接收和传出。但1935年2月,由于叛徒告密,他们的联络地点被破坏,韩慧英送文件时被捕,陈为人和党组织也就失去了联系。在此危急关头,中央文库必须立即转移。陈为人为此用每月三十块银圆的高价租下了小沙渡路合兴坊15号一幢楼房,用这处"豪宅"秘密存放中央文件。由于跟组织失去了联系,经费中断,这笔每月三十元的开销对于陈为人来说负担很重。但为了更好地掩护机密文件,他只好"打肿脸充胖子",在外人面前仍然保持着所谓的富商形象,殊不知他自己一家的生活已经连三餐都难以为继。为了维持生计,他把家中的家具都变卖一空,后来甚至到了卖衣服的境地。全家人每天只能吃两顿山芋粥,这还要晚上悄悄去买山芋,生怕邻居看到怀疑他的富商身份,从而影响到文库的安全。在如此拮据的生活条件下,陈为人的孩子经常吃不饱,特别是最小的女儿饿得直哭,他就把女儿的手指头塞在小嘴里止住哭声。还有一次大儿子没吃饱,还要吃,但已经没有饭了,陈为人只好苦中作乐,安慰孩子说:"我们是吃点心,点心点心,就是点点心的，不要吃饱的。"

　　这样的生活陈为人坚持了一年多。1936年下半年，妻子韩慧英被释放，在他们的不懈努力下，终于跟党组织重新取得了联系。按照党组织的指示，他们把中央文库完整地交了出去。但由于长期营养不良，以及陈为人的肺病也因无钱久拖不治，他的病势越来越重。党组织把他送往医院，但病情稍有好转，陈为人就坚持出院了，他不愿因自己的病情给组织增加负担。1937年3月13日，陈为人溘然长逝，时年38岁。去世时，因为他的衣着太过简单，韩慧英怕邻居看到心生猜疑，她忍住悲恸，以传染病为由，不让邻居来吊唁。正是靠着坚强的信念，陈为人在贫病交加的日子里，以顽强的革命毅力，克服重重困难，保卫了"中央文库"的安全，守护住了"一号机密"，为党作出了重要贡献。

60 郭纲琳："铜心"向党，永是勇士

在南京市雨花台烈士纪念馆有一件烈士留下的遗物——一枚用铜圆磨制成的"铜心"，这颗"铜心"的正面刻着四个大字"永是勇士"。这枚"铜心"是一位名叫郭纲琳的烈士在狱中磨制的，表达了她对共产主义信仰的坚定。

郭纲琳，1910年生于江苏句容一个大户人家。1929年，她考入上海公学。在校期间，郭纲琳就积极追求进步，加入了中国左翼文学研究会。九一八事变爆发后，她不畏校方的阻挠，积极组建抗日救国会，她多次召集同学发表演讲，痛斥反动政府葬送东三省的行为，积极号召同学们奋起抗争，不当亡国奴。她的演讲拨动了许多青年学生的爱国心弦，爱国的青年学生们纷纷加入了救国会。郭纲琳还连续三次到南京参加请愿示威的斗争，并走在队伍的最前方，率领同学们高呼口号，宣传抗日救国的道理。1931年，郭纲琳加入了中国共产主义青年团，同年底成为一名共产党员。

1932年淞沪抗战爆发后，郭纲琳毅然离开了学校，投身革

命运动。在党组织的安排下,她化名"刘英",到上海的工厂里开展工人运动和妇女活动。1933年春,郭纲琳担任共青团江苏省委内部交通,负责传送文件和情报。她不顾个人安危,每次都能沉着应对,出色地完成任务。不久,郭纲琳奉命调任无锡共青团中心县委书记,促进了那里共青团工作的蓬勃发展。她在学校和工厂中都建立了共青团组织,影响了一批青年人走上革命道路。1934年初,郭纲琳调往上海担任上海闸北区团委书记,组织闸北区工人罢工。1934年1月12日,由于叛徒出卖,郭纲琳被捕。

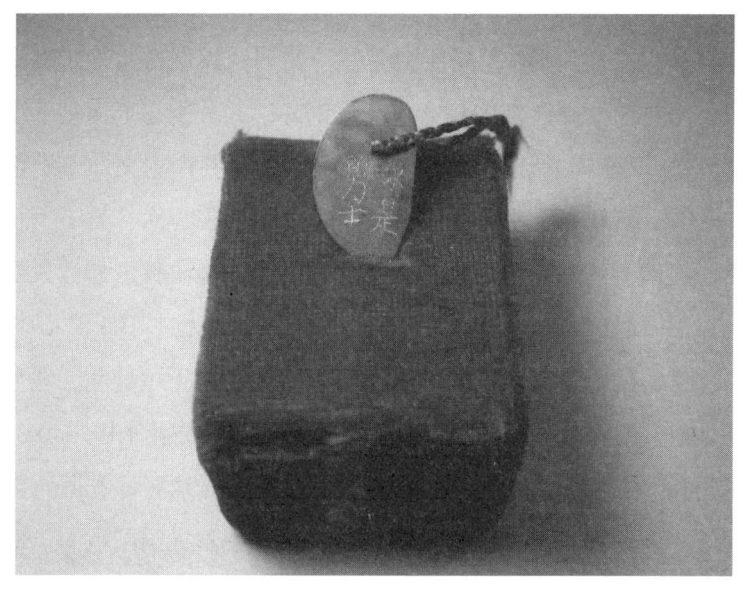

郭纲琳所磨铜心

郭纲琳被捕后,敌人用许多卑鄙残酷的手段逼她说出党的

 ★ 信念篇 ★

秘密，但都被她严词拒绝了。敌人还在特别法庭公开审讯她，当天旁听的人不少，其中还有一些中外报纸的记者。郭纲琳抓住这个机会，公开斥责国民党反动派的罪行，可以说是"被捕公堂严斥责，法官哑口没回音"。退庭时，一位外国记者说："真了不起，这个女犯人比圣玛利亚还伟大，她面对法官，甚至比我们英国女皇还有权威，我今天看到了中国最了不起的女性。"

在狱中，郭纲琳仍然坚持战斗。敌人强迫她唱国民党党歌时，她高唱《国际歌》；强迫她写"自首书"时，她咬破手指，在墙壁上写下血书："坚持立场，为革命而牺牲！拥护真理，为正义而流血！"即便受尽种种酷刑，郭纲琳始终坚贞不屈，她将两枚铜圆细细打磨成两颗铜心，并分别在上面刻下了"健美""永是勇士"的字样，以表达她对共产主义的坚定信念。可谓是"破指血书抒壮志，忠贞为共献红心"。

郭纲琳的家人曾想买通国民党官员营救她出狱，但敌人要她写下"悔过书"。她断然拒绝："我没有罪，无过可悔。"她在给哥哥的信中写道："你们如果要帮敌人在精神上枪毙我，我便不是你们的妹妹了。""我不愿造一点点罪恶在我生命中。"1937年7月，敌人终于对郭纲琳下毒手了。她从容地穿好衣服，整理好头发，面带笑容高呼胜利口号，昂首唱着《国际歌》。敌人恶狠狠地问道："都快死了，还笑什么？"郭纲琳硬气地回答："你们关了我三年多，捞到了什么呢？我的信仰丝毫没有动摇！"说完，从容就义，年仅27岁。

61 刘仲莹：革命火种的播撒者

辛亥革命爆发的1911年，在山东莱芜一个较为富裕的商人家庭，一个男婴呱呱坠地，他就是刘仲莹。辛亥革命的爆发，标志着一个旧的王朝覆灭了，一个新的时代来临了。然而，苦难的中国仍然深陷于封建势力、帝国主义、军阀联合欺压的泥沼之中。特殊的出生时间将刘仲莹与中国的命运紧紧牵连在一起。在莱芜县立中学就读期间，刘仲莹就与同学成立了学生自治会，组织演讲，开展"抵制日货，提倡国货""打倒帝国主义，打倒新军阀"的宣传活动。

1927年，国民党反动派相继制造了一系列反革命政变，血腥屠戮共产党员和进步群众。时局的动荡和现实的残酷无时无刻不在牵动着这个爱国青年的心，也让刘仲莹看清了国民党反动派的丑恶面目。怀着救国的热忱和革命的愿望，1929年，他考入济南省立高中，在这里，刘仲莹接触了马克思主义哲学。当时左翼作家胡也频就在该校任教，他在学校里研究和宣传唯物史观和马克思主义文艺理论。刘仲莹深受启发，在胡也频的指导下阅

 ★ 信念篇 ★

读了《共产党宣言》《唯物史观》等许多马列经典著作，他认识到只有马克思主义才是改造世界的真理，因此初步树立了为共产主义奋斗终生的信念。

在莱芜，在国民党白色恐怖之下，刘仲莹和其他同志仍然坚持党的工作。他们积极发展党员，很快就在二十多个村庄发展党员近二百人。为了适应革命形势的发展，经山东省委批准，1932年中共莱芜县委成立了，由刘仲莹任中国莱芜县委第一任书记。

正当莱芜党组织蓬勃发展的重要时刻，1933年2月至7月，中共山东省委遭到敌人的严重破坏，莱芜县委和山东省委的联络点也成为敌人的重点破坏目标。"捕共队"带人四处搜捕共产党员，情势危急，刘仲莹沉着应对，带人脱险，使穷凶极恶的敌人一无所获。

从1933年到1936年，为了和上级党组织取得联系，刘仲莹几年间穿梭在济南、青岛、北京、南京、武汉等地。莱芜地下党缺少经费，在艰难的岁月里，经常由于经费不足而难以开展工作，刘仲莹就靠变卖自己的家产来支援党的革命事业，从不考虑个人的利益得失。

1935年，莱芜党组织内部出了两个叛徒，一个是曾任代理县委书记的刘伯戈，另一个是曾任县委委员的周茂森，他们来到国民党山东省党部变节自首。无耻的叛徒带着百余名国民党军警直扑鹁鸽楼村，大肆地逮捕共产党员，刘仲莹是重点搜捕对象。得知消息后，刘仲莹迅速通知各地的党员同志转移，他自己则跑到云台山上的狼毛子洞中躲避追捕。扑了空的敌人恼羞成怒，他们封锁了村子和附近的山岭，刘仲莹被围困了整整七天七夜。敌人撤离以后，当同志们化装成羊倌到山上给他送饭时，发现刘仲莹已经转移了，洞里只留下了一些野菜根。

中共山东省委为了防止叛徒对莱芜党组织的继续破坏，同时也为了刘仲莹的人身安全，调他到鲁西北特委工作。刘仲莹后因积劳成疾患上肝炎，于1938年3月28日病逝于济南。

62 黄诚：以血肉之躯呼唤抗日救国

1931年，日本制造了九一八事变，东北沦丧于日寇之手，抗日成了全国各阶层人民的共同要求。然而，国民党南京国民政府和东北当局采取了不抵抗政策，激起了全国爱国群众的极大愤慨。黄诚积极响应党的号召，他和北平第四中学的同学一道走上街头，发表演讲，散发传单，宣传中国共产党抗日救亡的主张，并为东北抗日义勇军募捐，用实际行动表达对日本帝国主义侵略行径的强烈愤慨。

黄诚，河北安次（今河北省廊坊市安次区）人。1934年9月，成绩优异的黄诚考入清华大学地学系，任校救国会主席。当时日本的侵略气焰日益嚣张，从东北到华北，大半个中国将有沦丧之危险，这激起了全民族的抗日热情。北平的学生悲愤疾呼："华北之大，已经安放不得一张平静的书桌了！"在中共北平临时工作委员会的领导下，1935年12月9日，北平学生高举"反对日本帝国主义""停止内战，一致对外"的旗帜，向国民党北平当局请愿，黄诚就是一二·九运动的领导人之一。然而，国民党当局却采取消极抗日、积极反共的政策，将枪口对准了共产党和爱国进步学生。一二·九运动揭露了日本帝国主义企图吞并华北，进而吞并全中国的阴谋，打击了国民党的妥协退让政策，更让爱国进步青年意识到，只有共产党才是真正抗日的力量。

1936年1月，黄诚加入中国共产主义青年团，4月转入中国共产党。1936年2月，黄诚作了一首诗《亡命》："安危非复今朝计，血泪拼将此地縻。莫谓途难时日远，鸡鸣林角现晨曦。"写尽了1935年那场一二·九爱国学生运动的无限沧桑，也抒发了自己坚持抗争的决心。

抗日战争全面爆发后，已是北平市学联党团书记的黄诚，毅然结束了自己的读书生涯，投笔从戎，投身到抗日救国的滚滚洪流之中。1937年9月18日，他率领部分平津学生南下，在川军中做统战工作，任川军中共特别支部书记。1938年，黄诚遭国民党第三战区司令长官顾祝同通缉，离开了川军。后经陈毅介绍，黄诚参加了新四军，任新四军政治部秘书长。黄诚的政治觉悟和文化修养都很高，处事不卑不亢，因此深得叶挺军长的器重。

1941年1月，国民党反动派破坏国共两党合作抗日的民族大计，悍然发动了震惊中外的皖南事变，以七个师八万余兵力，对奉命北移的新四军军部机关及所属部队九千余人进行包围袭击。新四军浴血奋战七昼夜，除两千余人冲出重围以外，其余大部分战士壮烈牺牲。黄诚英勇抗击，率部突围，在鹿角山隘

★ 信念篇 ★

口这个地方终因寡不敌众,被敌人俘虏。一个有着坚定信仰的人,哪怕是滚滚铁流也不能将其淹没。黄诚把监狱当作与国民党反动派继续斗争的战场。国民党反动派劝诱他"脱离共产党",欢迎他到国民党来共事。黄诚对此嗤之以鼻,表现出了一个优秀共产党员应有的气节和矢志不移的信念。在狱中,沉重的脚镣也锁不住他革命的脚步,凭着高度的党性,黄诚与李子芳一道组建了秘密党支部。

他对党的忠诚和对共产主义的信仰经受住了考验,从他投笔从戎的那一天,就已经将生死置之度外了。他曾经托人从狱中给妻子带出来一张纸条,上面写着:"军败被拘,生死莫卜。几年来从事于抗战,无愧于心。我绝不因斧钺在前面而变初衷。假如就这样死了,则求仁得仁,复何怨!"

1942年4月23日,黄诚在上饶集中营被国民党特务秘密杀害,年仅28岁。

63 左权：
愿拼热血卫吾华

作为在抗日战场上牺牲的八路军最高级别指挥员，左权早已是声名远播。左权可称得上是八路军中学历最高的将领之一，他曾先后在莫斯科中山大学和伏龙芝军事学院接受了五年系统的军事学习。回国后的左权并没有因为自己的高学历而放松过对自己的要求，他坚持每天工作十六个小时以上，有时甚至通宵达旦。

左权，1905年出生在湖南醴陵的一户农民家庭，幼年丧父，家境贫寒。1923年，年仅18岁的左权毅然告别家乡，到广州探寻自己的人生道路。1924年，他进入黄埔军校学习，并于1925年1月正式加入中国共产党。同年底，左权在党组织安排下前往苏联，先后进入莫斯科中山大学和伏龙芝军事学院学习。1930年，左权回国后，先后担任中国工农红军学校第一分校教育长、新十二军军长、红一方面军总司令部参谋长、红五军团第十五军军长兼政委、中央军委第一局局长、红一军团参谋长等职。1934年10月，左权跟随中央红军先头部队开始长征，他

 ★ 信念篇 ★

的军事才能再一次得到了发挥。1934年5月,为掩护主力部队强渡大渡河,左权率领部队在崎岖的山路上一天之内急行军70公里,攻占了大树堡渡口,成功吸引了敌军的注意力,使中央红军主力部队顺利地攻克安顺场和泸定桥,冲破了敌军的四面围堵。左权以自己出众的军事指挥才能、军事家的胆略和才识,运筹帷幄,为红军北上、摆脱敌人的纠缠、保存红军实力立下汗马功劳。抵达陕北后,担任红一军团代理军团长的左权,又于1936年11月协助毛泽东和彭德怀在山城堡战役中一举歼灭了国民党胡宗南部七十八师的两个团,进一步巩固了陕北苏区的安全。

全国抗日战争爆发后,中国共产党以民族大义为重,促成抗日民族统一战线的建立,开启了与国民党的第二次合作,共同抗日。中国工农红军主力和陕北红军改编为"国民革命军第八路军",简称"八路军"。八路军组建初期,缺少一名副参谋长,谁能担当这个重任呢?经过几番讨论之后,毛泽东一锤定音——由左权担任八路军副参谋长。回国以来的这几年,左权目睹了日本侵略者对国人的种种恶行,众多百姓流离失所,无数家庭支离破碎。而今正面迎敌的时候终于来临,左权决定以一生所学给日本侵略者迎头痛击,为了民族和国家的利益,与华北人民同甘苦,共生死。马革裹尸是许多军人以身许国的信念,左权也抱定了这样的决心。多年来,他将自己所有的精力都奉献给了战场,却从未考虑过自己的终身大事,年过而立还是光棍一条。后来还是经过朱德做媒,于1939年,34岁的左权才解决了自己的人生大事。1940年秋，左权协助彭德怀指挥了著名的百团大战。1941年11月，左权还指挥军队取得了黄崖洞保卫战的胜利。在这场黄崖洞保卫战中，八路军将士以不足一千人的兵力阻击敌兵五千余人，歼灭敌人一千多人，敌我双方的伤亡比例为六比一，创造了抗日战争以来敌我双方伤亡比例前所未有的纪录。因此，黄崖洞保卫战也被称为"反扫荡"的模范战役。左权不仅具有军事指挥才能，而且还注意军事理论建设，先后撰写了《论坚持华北抗战》《埋伏战术》《袭击战术》《战术问题》《论军事思想的原理》等大量军事著作。他与刘伯承合译的《苏联工农红军的步兵战斗条令》成为八路军战术训练的基本教材，所以，毛泽东评价左权说："这个人硬是个'两杆子'都硬的将才。"

1942年5月，日军对太行抗日根据地进行"铁壁合围"大"扫荡"。在转移的过程中，有数千名干部、战士和学员被日军包围在山西辽县麻田地区附近，彭德怀、左权也在其中。左权指挥部队突围，在十字岭即将冲破最后一道封锁线的时候，突然一发炮弹落在左权身边，左权对周围的同志高呼了一声"卧倒"，他自己却中弹倒下，牺牲时年仅37岁。为了表示纪念，辽县改名为左权县。在民族危亡的紧急关头，左权的抉择就是坚守信仰，把自己献给国家、献给民族。

64 毛泽民：
中国红色金融鼻祖

1923年2月7日，毛泽民受党组织委派在安源组织成立了安源路矿工人消费合作社，毛泽民被推选为总经理。成立消费合作社的目的就是让收入低下、贫穷的工人朋友们能在这里买到价格低廉的食物和日用品，让他们能有一口饱饭吃，这也正契合了毛泽民的愿望。但是，合作社成立之初，经费成了大问题，如何弥补这方面的不足成了毛泽民首先要解决的问题。精打细算的毛泽民想到

毛泽民

了发行股票这一方式。他觉得在合作社的社员中发行股票，既可以筹集资金，也可以通过分红给社员带来实惠，更可以把社员们团结在合作社周围，便于日后开展工人运动，这可谓是一举多得的好事。想到这些，毛泽民开始积极筹划，测算合作社的股份数目和股金，从而迈出了中国共产党探索金融事业的第一步，毛泽民则成为中共金融事业的最初实践者。

农民出身而且并不具备深厚的金融学知识的毛泽民是如何踏出党的财经事业探索的第一步的呢？这或许要从毛泽民的农民生活开始说起。出生在韶山的毛泽民是家中的第二个孩子，为了供哥哥毛泽东和弟弟毛泽覃读书，14岁的毛泽民不得不辍学在家务农。可以说，从14岁开始，毛泽民就靠勤俭节约、精打细算撑起和打理着整个家庭。毛泽民很小就表现出超强的理财能力，他与哥哥和弟弟不同，不是拿着枪带着队伍闹革命，而是拿着算盘账本赚取经费支持革命事业。他投身革命事业的动因是兄长毛泽东对他说的一席话："我们不能只想着自己的小家，只顾自己有饭吃，要使全国人民都有饭吃。怎么才能办得到呢？就是走出去，干革命，这叫'舍小家，为大家'。"从此，要让更多的穷人吃上饭、过上好日子这样朴素的愿望成为毛泽民的人生信念。

1931年，在第一次苏维埃代表大会上，因为丰富的财政工作经验，毛泽民被选任为第一任国家银行行长。他认为只有促进苏区的经济发展，才能真正使银行的功效发挥出来。富有经济头脑的毛泽民想到了赣南丰富的钨矿资源，他考察矿区的

 ★ 信念篇 ★

基本情况后，及时给苏维埃中央政府写报告，建议成立中华钨矿公司。两天后，报告就批复下来："着毛泽民筹办。"从1932年钨矿开工到1934年10月中央红军长征，中央苏区共生产钨砂4193吨，出口总值达到四百多万元，增加了根据地的财政收入，极大地支持了革命事业。

红军长征到达陕北后，毛泽民任中华苏维埃工农民主政府国民经济部部长。他组织人员突破国民党军队的封锁，从关中购运布匹和棉花，组织边区群众为红军赶制棉衣；在安定、永坪组织生产煤炭，领导恢复延长油矿采油、炼油生产；在陕甘宁三省边界组织盐业生产和贸易运输，为红军扎根陕北提供生存物资保证。

1942年9月17日，为了向蒋介石表示自己的忠心，反动军阀盛世才逮捕了正在新疆进行抗日统一战线工作的毛泽民。在新疆公安处的特别刑讯室里，敌人将抽鞭、刺手掌、"坐飞机"、坐老虎凳等酷刑全都用上了，得到的仍然是毛泽民义正词严的驳斥："我不能放弃共产主义立场，绝不脱离党，共产党员有他的气节。"1943年9月，毛泽民在新疆遇害，他用一生实践着自己的信念。

65 马本斋：
英雄不死，家国安泰

1941年的一天，八路军第三纵队回民支队司令员马本斋接到了侵华日军的一封劝降信，信的大致内容是：你的母亲在我们手里，如果想救你的母亲，就带领你的部队投降吧。接到这封信之后，马本斋内心备受煎熬。想到年迈的母亲生死未卜，他恨不得立刻攻城救母，但是身经百战的马本斋一眼就识破了这是敌人设下的"囚母逼降"和"金钩钓鱼"的连环毒计。如果带兵去营救母亲的话，自己的性命或许可以不顾，但是自己领导的这支党的队伍、这支令敌人闻风丧胆的回民支队将有可能遭受灭顶之灾，这是自己所不能允许的，也是母亲不愿意看到的。

在"忠孝难两全"的情况下，马本斋选择了舍"小家"为"大家"，他相信深陷敌营的母亲会理解他的选择的，他决定以党的事业和抗战大局为重，决不上敌人的当。其实，马本斋的想法与老母亲不谋而合。由于担心敌人以自己为"饵"来引诱马本斋，老人对敌人进行绝食抗争。在经过了七天的绝食抗

争后,原本就年迈体弱的老人家在敌人的监牢中离开了人世。当马本斋获知母亲去世的消息后,这位在敌人的刀枪面前毫不畏惧、从不退缩的硬汉子流下了滚滚热泪,写下了《祭母诗》:"宁为玉碎洁无瑕,烽火辉映丹心花。贤母魂归浩气在,岂容日寇践中华。"国仇家恨使让马本斋更加坚定了与日本侵略者血战到底的决心,之后的战斗中,他率领回民支队更加有力地痛击敌人。

马本斋很早就立下了把外国侵略者赶出国土的誓愿。抗日战争爆发后,中国共产党的抗日民族统一战线政策深深地吸引了马本斋。全国各族人民都团结起来,抗击日本侵略者,保卫国家,这正是马本斋多年的夙愿,他觉得自己终于找到了实现自己志愿的方向。马本斋响应中国共产党的号召,率领家人和几十名群众在家乡组成了"回民抗日义勇队"。很快,马本斋与党组织取得了联系,他主动要求党组织派人来回民支队主持工作,在党组织的帮助下,回民支队的人数迅速扩充到六七百人。在抗日斗争中马本斋深深感受到中国共产党是真正为民族、为国家寻求发展道路的政党。他决心要加入中国共产党。在入党申请书中他郑重地写道:"我心甘情愿把我的一切献给伟大的中国共产党,献给为回族解放和整个中华民族的解放而奋斗的伟业。因为这一切只有在中国共产党的帮助下方能实现。"1938年10月经党组织批准,马本斋光荣地加入了中国共产党。

马本斋和回民支队战斗力很强,在敌人后方打得敌人心神不宁。然而，在艰苦的战争岁月里，由于长期劳累，马本斋身患疾病，但为了工作，他不愿休养、治疗，直到病得不能起床，马本斋才被同志们强行送进了医院。后来他的病情进一步恶化，他估计自己可能无法痊愈，就在留给家人的遗书中这样写道："我觉得不能为人民、为国家、为党做更多的工作是件憾事，教孩子们继续我的志向，做革命工作，领导回民民族抗战革命到底。"1944年，马本斋病逝。马本斋去世后，朱德总司令亲自书写"壮志难移，汉回各族模范；大节不死，母子两代英雄"的挽联，以纪念马本斋和他的家人对抗日民族解放战争所做出的卓越贡献。

66 彭雪枫：新四军中的"赵子龙"

《三国演义》中有"赵子龙单骑救主"的故事，故事中的赵云怀揣刘备幼子单枪匹马冲杀于曹军之中，现在读起这段故事还是荡气回肠，不过这些都是文学作品塑造出来的人物事迹。但是在红军时期却真真切切地出现了许多类似赵子龙的英雄，其中就有一位被毛泽东誉为"一身都是胆，是赵子龙式的虎胆英雄"，他就是月下追"叛军"，单枪匹马带回部队的彭雪枫。

彭雪枫，1907年出生于河南镇平的一个贫苦农民家庭。由于中国连年的军阀混战，再加上当地封建地主的盘剥压榨和土匪的作乱，彭雪枫深刻感受到了人民生活的苦难，也使他萌发了要寻找一条可以救国救民道路的念头。彭雪枫到北京育德中学读书的时候，开始接触《新青年》《共产党宣言》等进步书刊。在这些进步思想的影响下，1926年9月，彭雪枫加入了中国共产党，开始了他的革命征程。

1932年8月，蒋介石在连续三次发动对红军的"围剿"都被粉碎后，恼羞成怒，亲率五十万大军，对红军发动第四次"围剿"。这次"围剿"规模很大，来势凶猛。此时，红二军政委彭雪枫正率部在江西宜黄乐安一带，由于敌兵突然压境，部队一时难于集中，随后在敌人分割包围下，各团之间也失去了联络。在这危急关头，彭雪枫率领师直属机关和四团进行突围，等部队终于摆脱了敌人，到达"苏区"的安全地带时，彭雪枫已经三天三夜没有合眼了。但是彭雪枫顾不得休息，一突出重围，他便派人四处打听与自己分散的五团和六团的消息。不久，六团也突围出来与师部回合，只有五团去向不明，彭雪枫心里万分着急。

这时，突然有人报告说，红二师师长郭炳生正带着五团向"白区"抚州城方向去了，彭雪枫听说后便大吃一惊。郭炳生挟五团进入"白区"，莫不是他要阴谋叛变？想到这里，彭雪枫再也坐不住了，他忽地站起身来，对部队作了简单的安排后，带上几名通讯员骑上马，连夜出发，追赶五团。而此时，敌军缩小了包围圈，所有的大道要塞均布满了岗哨，他们封山搜山，日夜巡逻，盘查行人。其实彭雪枫心里很清楚，他们从"苏区"的安全地带又前往被敌军包围的地区，无异于重入虎穴，其危险性可想而知。但是彭雪枫还是要去，他必须把五团救回来，因为他心中那救国救民的宏伟志愿，还需要同这些可爱的战友们一起去实现。

彭雪枫明白，五团的战士和他一样，都是出身贫苦，立志投身革命的人，必须及时救出五团。在追赶五团的路上，到处

★ 信念篇 ★

都有敌人布防，为了避开敌人，他们只有隐蔽潜行，走山间小路，饿了嚼几口炒米，渴了喝几口山泉，实在疲劳了，就靠在树干和岩石旁休息片刻。就这样，他们连续急行五天五夜，终于在崇仁县境内找到了五团，而这时的五团已经在危险的边缘了，再向北他们就要进入"白区"了。

通过和战士们交谈，彭雪枫明白了，原来是郭炳生在暗中搞鬼，谎称彭雪枫已经牺牲，然后带着部队准备叛变。彭雪枫立即召开了五团干部大会，传达了中央军委和江西军区希望五团官兵返回原来战斗位置的指示。郭炳生见大势已去，想杀掉彭雪枫，继续裹胁部队西进，可是又没有胆量下手，便连夜逃入了乐安县城，向敌人投降了。彭雪枫下令五团与主力会合，从而成功地挫败了郭炳生妄图挟持五团叛变投敌的阴谋。彭雪枫从此名声大振，而他临危不乱，机智勇敢地挽救了部队的突出表现也赢得了毛泽东的高度赞扬。

彭雪枫不仅是"一身是胆"的英雄，更是一位德才兼备的军事家和政治家，在抗日战争中表现尤为突出，受到百姓爱戴，他所率的部队实力迅速壮大，初步创建了豫皖苏抗日根据地。但是天妒英才，就是这样一位有勇有谋的将才在1944年9月11日指挥作战时，不幸被流弹击中，壮烈牺牲，英勇殉国。

67 黄友："小鬼善战"

1938年3月12日，日军在大亚湾登陆后，开始入侵华南。到了1940年冬天，日军已经侵占了东莞的大片山河。此时的国民党守军，除个别部队进行抵抗外，大批部队不战而逃，只有中国共产党领导的华南抗日武装仍然坚持抗击敌人。东江纵队成立之后，当时的东江地区，人民踊跃参加抗日队伍，其中包括许多孩子。

在中国南方的一些地区，人们往往把孩子亲昵地称为"小鬼"。日军入侵华南后烧杀抢掠，一些"小鬼"眼看家园沦丧，亲人离世，于是怀着家仇国恨参加了中国共产党领导的抗日队伍。随着这些"小鬼兵"的逐渐增多，东江纵队成立了"小鬼班"，加入的大多是13岁至17岁的孩子。这些十几岁的孩子加入东江纵队以后，利用年龄的优势，发挥了很大的作用。因为"小鬼"年龄小、个子小，在作战中易于隐蔽，特别是在搜集情报、侦察敌情的工作中，他们有着自己的优势。"小鬼班"的战士们虽然有时候难免调皮淘气，执行起任务来却毫不含糊。

他们常常利用年纪小、不易被敌人察觉的优势,去执行一些侦察伏击任务。

"小鬼班"被编入到东江纵队独立第三中队,这个中队代号"飞鹰队",队长是何通。何通也是"小鬼班"出身,他和战友邱特都是东江纵队第一批"小鬼班"中的佼佼者。他们在中国共产党的培养下,英勇杀敌,屡立战功,成长为优秀的年轻指挥员,后来的"小鬼班"的"小鬼"们都以他们为榜样,包括后来的一位"小鬼班"班长黄友。黄友带领的"小鬼班"不仅纪律性强,而且作战勇敢,在攻克敌军炮楼时,常常负责突击任务,成为飞鹰队的英雄班。

1944年7月21日,飞鹰队发动了平湖战斗,攻打驻扎在平湖站的伪警中队。在歼灭伪警中队的战斗后,飞鹰队与日军藤本大队主力四百余人遭遇。为了掩护大部队撤离,黄友率领"小鬼班"以一当百,冒着日军密集的火力,抢占了一条较高的田基路。这条田基路高约0.4米,宽不到1米,周围全是水稻田。"小鬼班"利用这一有限的掩体封住路口,打退了敌人的多次冲锋,足足坚持了近一个小时,为主力部队的撤退赢得了宝贵时间。看到主力部队已经安全撤离,"小鬼班"的阻击任务完成了,黄友才下令"小鬼班"撤退。然而此时,"小鬼班"已被日军团团围住,敌人的全部火力也向"小鬼班"猛扑过来。

战斗中黄友身上多处受伤,浑身是血,他顾不上疼痛,用毛巾扎紧伤口,咬紧牙关匍匐着后退了几步,向战友们喊道:"我受伤了,你们先撤退吧。"看到无法撤退,黄友端着驳壳枪,向敌人猛烈射击。最后,他忍着身体的剧痛,拼尽全身力气,把自己的手枪和随身携带的《党员须知》塞进了稻田的淤泥里,将最后一颗手榴弹扔向了围拢来的日军,而后光荣就义。此战中,"小鬼班"几近全军覆没,他们牺牲时都不到20岁,最小的仅15岁。

68 张露萍：以身殉真理的红色女特工

在战争年代，特工是一个极其危险的职业，他们的工作就像在刀尖上跳舞，绝大多数时候，特工们都是靠着对信仰的坚定追求来支撑自己。张露萍，就是我党优秀的红色特工。

张露萍，原名余家英、余硕卿，1921年出生于四川崇庆。1937年七七事变爆发，日军大举进犯中华，中华民族的全面抗战开始了！就是在这一年，16岁的张露萍认识了同学车崇英的父亲车耀先——中共地下川西特委军事委员。在民族危亡关头，车耀先秘密领导当地抗日救亡运动，他时常向张露萍宣传中国共产党抗日民族统一战线政策。张露萍受到局势的影响和车耀先的引导，思想不断进步。在车耀先和成都抗敌后援会的安排下，张露萍等十名青年来到全国抗日的革命圣地延安。

到达延安后，张露萍在抗日军政大学学习，1938年，她加入了中国共产党。第二年的秋天，张露萍受中共中央组织部派遣，来到重庆中共中央南方局从事地下工作。中共中央南方局在军统内部发展了张蔚林、冯传庆等六名共产党员。为了便于开展工作，她改名为张露萍，与军统的张蔚林以"兄妹"关系示人。从此张露萍开始领导张蔚林等六名中共地下党员，截获了许多国民党的军政情报，如国民党秘密反共、派遣特务小组潜入延安等重要计划。这使中国共产党避免了重大损失。但是，这些情报的泄露，让蒋介石勃然大怒，责令军统特务头子戴笠进行彻查。

1940年，张蔚林不慎烧坏了收发报机真空管，引起戴笠的怀疑。戴笠将张蔚林逮捕并搜查其家，在张蔚林家里发现了张露萍写的联络暗语以及另外五名地下党员名单。此时，张露萍正在成都探亲，诡计多端的军统特务就以张蔚林的名义给张露萍发电："兄病重，望妹速返渝。"看到电报后，张露萍上当了，一回到重庆就被逮捕了。

军统想利用张露萍将中共中央南方局一网打尽，于是假意释放张露萍，只要她一走进中共中央南方局，中共中央南方局同志们也就危险了！张露萍识破了军统的阴谋，出狱后没有到中共中央南方局，而是径直走向码头。军统眼见计谋未能得逞，只得再次将张露萍抓获。在狱中，敌人动用各种酷刑逼迫张露萍吐露党的秘密，但张露萍以自己的柔弱之躯，坚守住了为共产主义事业奋斗终生的信念。

1941年3月，张露萍等七人被军统转移到贵州息烽集中营监禁，在那里，张露萍与"小萝卜头"同住"义监"。他们七人被关押在息烽集中营的消息是对外保密的，所以当时党中央并不知道他们的下落。1943年，时任中共中央社会部部长的康生竟

 ★ 信念篇 ★

然无中生有地说张露萍"是叛徒,是军统特务"。就这样,一顶叛徒的帽子沉重地扣到了张露萍的头上。

　　1945年,戴笠下令将张露萍等七人就地处决。7月,在去刑场的路上,张露萍和同志们高唱着《国际歌》,用他们的坚定信念为自己送行。敌人举起枪,张露萍眼看着六名同志倒在敌人的枪口下,她用尽最后的力气高呼:"打倒国民党反动派!中国共产党万岁!"行刑队朝张露萍连开数枪,一个24岁的鲜活生命就这样倒在了血泊之中。直到1983年,中央组织部为张露萍、张蔚林、冯传庆、赵力耕、杨光、陈国柱、王锡珍七人平反,追认他们为革命烈士。

69 董健民：
誓与密码共存亡，一家三口齐跳海

在革命年代，机要工作是前线作战和后方安全的保障，也是革命胜利的重要一环。从事机要工作的人员，负责着前线与大后方的联系，必须要有坚定的信念和很强的使命感。

董健民就是这么一位女性机要工作人员。1923年董健民出生在河北静海（今天津市静海区）一个普通农民家庭。当时的中国战乱频仍，农民备受压迫，连吃饭都成问题。董健民的父母没钱供她读书，她很小就辍学在家。但董健民非常好学，父亲将她带到叔父董秋斯那

董健民（右）及其丈夫和孩子

里，让董健民跟着董秋斯学习。而正是在叔父这里，年轻的董健民接触并了解了共产主义精神，走上了共产主义道路。

叔父告诉董健民："跟着我读书可要吃很多的苦！"董健民用稚嫩而坚定的语气回答："我不怕。"从此以后，董秋斯便成了董健民的老师。董健民逐渐长大，也逐渐了解了自己的叔父兼老师的另一重身份——中共地下党员。从无数次叔父与别人的交谈之中，她了解到了只有中国共产党才能救中国，只有中国共产党真正为了国家和人民反帝反封建，只有在中国共产党的领导下才能将日本侵略者赶出中国。董健民从此有了人生目标，她要从军打仗，要去打鬼子。

1939年春，在叔父的引导下，年仅16岁的董健民与两个姐姐一起南下，加入抗日救国的浪潮中。1940年，董健民加入了中国共产党。第二年，她被调到中共中央社会部机要科任机要员。董健民对待工作非常认真，曾截获过几段重要情报，使我军获得胜利，这让她更加意识到机要工作的重要性。身为机要员，密码就是生命，甚至有时比生命还要重要。1942年，她和机要科的同事、战友、共产党员钟琪结婚。新婚之夜，这对志同道合的年轻夫妻共同立下誓言："为了千百万人能够得到解放，为了实现共产主义理想，宁可牺牲自己的性命，也决不能泄露党的机密，誓与密码共存亡。"从此夫妇二人一起工作，共同进步。

1945年抗日战争胜利后，党中央成立东北局，要派一批能力强的人员前去支援。因此，作为机要科的骨干的董健民和丈夫钟琪一同被党组织派往东北局工作。1946年，他们夫妇二人带着刚刚两岁的孩子出发，乘船奔赴东北。为了确保安全，他们从水路转陆路，再从陆路转水路，最后坐商船前往东北。然而，不幸的是，由于叛徒的告密，他们乘坐的商船刚驶入渤海水域，就被国民党军舰开炮拦截了。商船被炮击中后被迫停航，国民党军警上船搜捕共产党员。此时的钟琪、董健民夫妇已然明白，他们身在船上很难逃脱，但纵使被捕，随身携带的密码电文等机密文件也决不能落入敌人手中。为了保卫党的机密，董健民夫妇迅速决绝地作出了选择：宁可牺牲掉他们一家三口的性命，也决不能让党的机密泄露。他们趁着敌人不注意，镇静地抱着孩子来到后甲板上。一家三口紧紧地抱在一起，把携带的密件紧紧贴在胸前，毅然地跳入了波涛汹涌的大海之中，壮烈牺牲。董健民牺牲时年仅23岁。

强烈的责任感和革命信仰驱使着董健民夫妇无时无刻要以保护密码为己任，鞭策着他们以国家和人民为重。为了歌颂他们一家三口的英勇事迹，有人曾专门谱诗一首："夫妻幼子海中魂，保密捐躯党所尊。真爱无分生与死，心存真理万年春。"

70 罗炳辉：屡建奇功的"福将"

1946年，在解放枣庄的战役中，有一位被担架抬上战场的解放军军长，他用兵如神，多次在关键时刻通过巧妙的排兵布阵，克敌制胜。然而，伴随胜利而来的并非是他的振臂欢呼，而是他的多次因病晕倒。他就是电影《从奴隶到将军》中人物的原型——解放军的杰出军事家罗炳辉。

由于多年征战，那时的罗炳辉已经重病缠身，在艰苦的战争环境中，罗炳辉的病情根本无法得到有效的治疗。为此，党组织特别安排这位功勋卓著的将领前去苏联进行治病疗养，却遭到罗炳辉的拒绝。到底是什么力量让罗炳辉冒着失去生命的危险，坚持留在枪林弹雨中拼杀呢？这还要从罗炳辉的童年经历说起。

罗炳辉，1897年出生于云南省彝良的一个贫苦家庭，有着倔强不屈的个性。在他11岁那年，有一个乡村恶霸从他家门口走过，恰巧被罗炳辉向外泼的脏水弄湿了衣服，这个恶霸不由分说便向罗炳辉父子大打出手。从此，罗炳辉成了恶霸的眼中钉，常常受到刁难。罗炳辉不甘心对恶势力屈服，一纸诉状告到县令那里，要找恶霸讨个公道。然而，在那个有理说不清的年代里，他的要求最终被县令驳回。这时候罗炳辉意识到，如果坐以待毙将会受到一辈子的欺负，但到底怎样才能为自己讨回公道，得到公平的对待呢？从小在大山里长大的罗炳辉自然是想破了脑袋也想不出答案，但他知道必须到外面的世界看一看了，或许能找到摆脱不公的现实途径。

就这样，12岁的罗炳辉以惊人的毅力用了十二天徒步走到了昆明。出身低微的他为了生存什么活都愿意做，但是艰辛的生活并未让他遗忘到省城的初衷。一个偶然的机会，罗炳辉成了当时的"云南王"唐继尧军队中的一员，多年的磨砺培养出来的吃苦耐劳、坚忍不拔的精神使罗炳辉在军中迅速成长，短短几年时间他就成了唐继尧的副官。当年受尽欺压的贫苦农民而今终于出人头地了，罗炳辉心里开心吗？答案是否定的。军阀内部贪污腐败，对外涂炭百姓的恶行，令罗炳辉极为厌恶。难道这天下就没有一个政权是为黎民百姓争取利益的吗？罗炳辉陷入了迷茫。在乱世之中，罗炳辉的足迹遍布整个中国，寻找着他向往的光明。

1927年，罗炳辉到南昌参加被国民党杀害的赣州总工会领导人成赞坚的追悼会。在那里，朱德的一席话触动了他的内心，让他豁然开朗。读书不多的罗炳辉第一次听说了"工农革命"这个词，这不正是他多年苦苦追寻却一直没有找到的答案吗？罗炳辉激动不已，在1929年秘密加入中国共产党。

 ★ 信念篇 ★

在中央苏区，罗炳辉终于找到了他儿时梦想的生活：人与人之间没有等级之分，没有尊卑之别，大家同吃同住，其乐融融。罗炳辉还时常深入百姓家中与大家拉家常。然而，这样的日子并没有维持多久，在国民党反动派的疯狂"围剿"下，红军不得不进行战略转移，开始了艰苦卓绝的长征。

靠着出色的军事才能和那股不服输的倔强劲，出身卑微的罗炳辉成了让敌人闻风丧胆、士兵和百姓极力拥护的"罗救星"，罗炳辉一身的本领也有了用武之地。然而，当抗日战争胜利的好消息传遍中华大地之时，罗炳辉却因为重病陷入了深深的昏迷之中。

多年艰苦的战争经历让罗炳辉重病缠身。日本投降后，罗炳辉本以为老百姓终于可以过上太平日子了，但是没想到国民党反动派发动内战，又让老百姓处于水深火热之中。罗炳辉拒绝了党组织要他去苏联治病的计划，让士兵用担架把他抬上了战场。他深知这场解放战争是一场工农阶级为争取自身利益的战争，曾为备受欺压的底层民众的自己，又怎能缺席呢？

1946年6月21日，罗炳辉突发脑出血而去世。这位为争取底层民众权益而披荆斩棘、戎马一生的将领，没有能够亲眼见证他追寻一生的工农革命的最终胜利。但是，他的精神将永远镌刻在革命丰碑之上，激励无数共产党员前赴后继，奋斗终生。

71 杨子荣："智取威虎山"

"穿林海，跨雪原……"现代京剧《智取威虎山》中这段经典的唱词传唱了一代又一代，这慷慨激昂的旋律把我们带入了热血沸腾的解放战争年代，也让我们认识了一个艺术人物——杨子荣。这部现代京剧改编自曲波的长篇小说《林海雪原》，小说的第一句就是："以最深的敬意，献给我英雄的战友杨子荣、高波同志。"这部小说塑造的经典人物形象杨子荣绝不只是一个艺术形象，他是一位真实存在的、真真正正的特级侦察英雄。

杨子荣，原名杨宗贵，1917年生于山东牟平。老百姓遭受的压榨剥削、日军的侵略在年轻时的杨子荣心中播下了革命的种子，他立志要让百姓过上安定、幸福的生活。1945年，他报名参加八路军，10月下旬随部队开赴东北，被编入牡丹江军区第二团。1946年1月，杨子荣加入中国共产党。牡丹江地区匪患严重，杨子荣所在部队担负着剿匪和保卫土改的双重任务。3月22日，中国共产党的剿匪部队决定攻打杏树底村负隅顽抗的土

 ★ 信念篇 ★

匪，杨子荣带领尖刀班冲在最前面。但由于敌人占据了有利地形、充分利用村子周围高大的土墙和坚固的工事，加上火力太猛，我军组织了多次进攻都没有成功。为了尽早结束战斗，减少部队伤亡，指挥部考虑使用炮火支援，不过炮火可能会伤及到村里的无辜百姓。在这种情况下，杨子荣单刀赴会，拿着白毛巾，只身进村，打算劝降土匪。最后，在杨子荣的有力宣传和劝服下，许多土匪开始动摇，村民也纷纷支持杨子荣。杨子荣还利用土匪头目之间的争执，趁机做工作，使土匪们纷纷把枪扔到杨子荣的身边。就这样，杨子荣只身劝降四百土匪，避免了一场血战。由于在战斗中的突出表现，杨子荣荣立特等功，并被团里评为战斗英雄，后提升为侦察排长。

经过近一年的剿匪战斗，大股土匪已基本被消灭，但零零散散的小股土匪仍有不少，其中，有一伙由外号"座山雕"的土匪领导的匪帮比较难消灭。座山雕本名张乐山，15岁当土匪，18岁成为匪首，非常狡猾，经历过大大小小上百次围剿而不灭。当时老百姓饱经战乱，再加上土匪的勒索抢劫，简直苦不堪言。杨子荣主动向二团领导请缨，由他乔装打扮，深入虎穴，里应外合，剿灭土匪。这是一个充满智慧和危险的战斗方案。1947年1月26日，在凛冽的寒风中，杨子荣带着五人小分队一路跟随土匪踪迹，来到威虎山山脚下的阳光村。当晚，他们住宿在村民卢德全的家里，准备凌晨时分，趁山上土匪松懈之时向威虎山进发。凌晨时分，在村子附近一处隐蔽的林子里，小分队遇到几个貌似猎户的人。杨子荣用黑话试探得知，对方正是土匪座山雕的部下。当时，杨子荣假装说自己原来也是土匪，被共产党的剿匪队打散了，没有被打死，想跑到深山躲一段时间，然后再到吉林投靠国民党。土匪看到这种情况，并未全信，把杨子荣他们五个人又往里带了十五里地，找了一个空棚，安排杨子荣他们在那里住下，作为对他们的试探。其实双方进行的是一场心理上的较量，因为这时是东北最寒冷的三九天，深夜里，凛冽刺骨的寒风无孔不入，篝火渐渐熄灭，干粮所剩无几，很显然，小分队还没有得到座山雕部下的信任。望着篝火中的余晖，杨子荣心生一计，他和战友扮成土匪下山，假装抢劫百姓的粮食。看到这一行为，座山雕终于相信了杨子荣他们确实是土匪，让暗哨带杨子荣一行人进威虎山入伙。杨子荣终于带着小分队进入了座山雕的老巢——人称"四号棚"的威虎山。杨子荣向座山雕提出把队伍集合起来下山，到吉林投靠国军，扩充实力，待机返回牡丹江的建议。狡猾的座山雕终于上钩了，把大小匪徒聚在一起带下山，闯进解放军小分队的包围圈。杨子荣一举将座山雕等匪徒二十五人全部抓获，创造了深入虎穴、以少胜多的范例。东北军区司令部给杨子荣记了三等功，并授予他"特级侦察英雄"的光荣称号。

1947年2月23日，杨子荣在追歼顽匪郑三炮、丁焕章时，不幸牺牲，时年30岁。

72 李白：永不消逝的电波

"同志们，永别了，我想念你们。"这是电影《永不消失的电波》中，地下情报人员李侠在即将被捕时，向远方的战友发出的告别电文。看过这部电影的人都会被这句话深深触动，被那些奋斗在隐蔽战线上的地下情报人员感动。他们与中央相隔千里，电台就是他们战斗在敌占区的武器，他们用无线电波在空中架起一道无形的桥梁，将一份份关键情报，及时准确地送到中央领导的手

李白

中。而电影中主人公李侠在现实中的原型名字叫李白。

李白，1910年出生在湖南浏阳。他自幼母亲早亡，家境贫困，13岁时他就给地主当长工，受尽地主的欺压和奴役。阶级之间的不平等使他在少年时代就萌发了参加革命的愿望。1925年，李白的家乡爆发了革命，年仅15岁的李白加入了中国共产党。1927年9月，李白又参加了毛泽东领导的秋收起义。1930年8月，李白正式参加了中国工农红军，成为红四军通信连的战士，后来他又担任通信连指导员。1931年6月，他进入瑞金红军通信学校第二期电训班学习无线电技术，毕业后担任红五军团电台台长兼政治委员。1934年10月，李白跟随中央红军长征。长征中，在李白的领导下，无线电队的电台始终保持畅通，受到军团领导的赞扬。1936年10月到达陕甘根据地后，李白调任红四军无线电台台长。抗日战争全面爆发后，李白到南京任报务员，在周恩来身边工作。1937年10月，李白赴上海负责党的秘密电台的工作。当时的上海蛇蝎遍地，环境险恶，日本侵略军与汉奸伪政权相互勾结，疯狂搜捕抗日组织，尤其是到1939年，汪精卫投降日本侵略者，组建南京伪政府之后，地下斗争的形势更加恶化。1942年9月的一个深夜，李白在阁楼上向上级发报时，无线电信号被日军特务侦测到，几十名宪兵和特务随即包围了李白的住所。李白镇定地发完最后一句话，然后接连三遍发出"再见"，向上级组织暗示自己即将被捕。他被押到日军宪兵司令部，受尽严刑拷打，但他始终坚贞不屈，严守党组织的秘密，坚持说这是用于做生意的私人电台。1943年5月，经

过党组织的营救，李白终于脱险出狱。出狱后，党组织将李白夫妇调往浙江，打入国民党国际问题研究所担任报务员。他巧妙地利用国民党的电台，将大量日伪军和国民党的重要情报发往延安，使党中央能在第一时间迅速掌握敌人的动向。

抗日战争胜利后，李白回到上海继续从事秘密电台工作。为了不被敌人侦测到无线电信号，他只能用功率仅有七瓦的小型电台与中共中央保持联络。上海和延安之间，直线距离长达一千多公里，微弱的电波跨越万水千山之后，信号几乎完全消失。为了使中央能够接收到清晰的无线电信号，李白选择在每天的后半夜，电波干扰最少的时候向延安发报。为了避免灯光透过窗帘引起特务的怀疑，他甚至要用黑布将电灯泡蒙起来。1948年9月，解放战争开始进入决战阶段，上海地下党获取了大量国民党军队兵力部署以及国民党海军将黄金运往台湾等重要情报，李白的工作量骤然增加，而发报量越大，也就意味着他被敌人发现的可能性也就越大。但李白认为"每一份情报都来之不易，是同志们用汗水和生命换来的"，自己一定要发出去。因此，他把国民党军队的长江防务、江阴要塞等重要情报源源不断地发往延安。上海敌特头目咬牙切齿下令限期找到这个"神秘电台"。1948年12月30日凌晨，一群国民党军警和特务冲进房间，将李白逮捕。自此，他的电台就再也没有发出过电波。1949年5月30日，上海解放后的第三天，刚刚上任的上海市市长陈毅接到了一份由时任中国共产党中央情报部部长李克农发来的电报，电报的大概内容是，请求陈毅迅速查找在上海失踪的李白同志的下落。

被捕后的李白遭遇了什么？在淞沪警备司令部的审讯室内，敌人对李白进行了长达三十多个小时的突击审讯，接连使用了铁钳、老虎凳、辣椒水、竹签、烧红的烙铁等三十多种刑具。李白每次昏迷之后又被冷水泼醒，继续遭受酷刑的折磨。然而，特务们费尽心机，用尽酷刑，没有从李白那里得到一个字的口供，只得灰心丧气地将他关进上海蓬莱路警察局的监狱，而且不许家属探望。在敌人面前，李白什么苦什么罪都能吃得，坐老虎凳、上电刑，手指甲都拔下来，这种苦可不是一般的人能受得了的。1949年5月7日，李白妻子终于获得一次探监的机会，她带着年幼的儿子，见到了阔别半年的李白。李白饱含深情地对妻子说："天快亮了，我希望能等到这一天。今后我回来当然最好，万一不能回来，你们也和全国人民一样能过上幸福的生活。"然而，这次会面却成了李白和家人的永别。就在当天晚上，上海警察局长特务头子毛森根据蒋介石"坚不吐实，处以极刑"的命令，将李白秘密杀害于浦东戚家庙刑场。二十天之后，上海解放了，年仅39岁的李白倒在了"黎明前的曙光"中。李白的一生虽然短暂，但他的革命信念和共产主义信仰却是坚定的，他用火热的心、战士的手发出的红色电波永远不会消逝。

73 | 陈然：
隐蔽舆论战线的战斗英雄

1948年4月22日傍晚，中共重庆地下党地下市委机关报《挺进报》的负责人陈然把自己关在闷热的阁楼里，紧张地油印着第23期《挺进报》。就在三百份报纸刚刚印完的时候，楼下突然响起了母亲故意拔高的嚷嚷声，一队国民党警察正要以查户口为名对陈然的家进行搜查，情况十分危急。陈然抓起桌上的《挺进报》的发行名单，迅速地撕碎放进嘴里，胡乱喝了一口水，强行咽下。正在这时，特务们破门而入，将陈然逮捕。

其实，陈然头一天就接到了地下党同志传来的紧急转移信号，那是一封署名为"彭云"的短信，信里简单地写了几句奇怪的话："近日江水暴涨，闻君欲买舟东下，谨祝一帆风顺，沿路平安！"陈然知道"彭云"是《挺进报》的前领导人，已经牺牲的重庆市委委员彭咏梧同志和江竹筠同志的孩子。可是，云儿才两岁，怎么可能给自己写信呢？况且，《挺进报》所在地是组织上严格保密的，怎么会有人知道这个地址呢？陈然立刻敏感地感觉到出了状况，一定是组织上向他发出的转

陈然

移命令。

作为中国共产党在国统区重庆安置的秘密舆论武器,《挺进报》的编写、刻板、印刷、发行都有着极大的风险。在当时的情况下,为减少暴露的风险,分担报纸各个环节工作的人员都保持单线联系,就连担任《挺进报》特支书记的陈然也不知道负责收听延安电台消息的同志是谁、编刻《挺进报》的同志是谁。看着手里刚刚转来的第23期报纸的刻板,陈然决定暂缓撤离,他不能浪费那个不知名的战友辛辛苦苦编刻的成果,他决定抓紧时间将这最后一期赶印出来,这样还能在自己转移后,迷惑敌人,让敌人误以为《挺进报》仍在工作。同时,也能为其他同志安全转移赢取时间。原本完全有时间转移的陈然,为了忠于一个中国共产党党员的誓言放弃了逃生的机会。是什么让一个只有25岁的年轻人如此坚定自己的信仰,如此坚决地为了共产主义事业甘愿牺牲呢?

1923年11月,陈然出生于河北香河。1937年抗日战争爆发后,陈然随家人从上海沿长江几次西迁,最终安顿在重庆。1939年3月,陈然加入中国共产党。来到重庆后,陈然暂时失去了与党组织的联系,以工厂管理员的身份来掩饰真实身份。1946年夏天,国民党反动派公开撕毁了国共停战协定和政协决议,疯狂向解放区大举进攻,内战全面爆发,一个黎明前最黑暗的时刻来到了。

1947年,国民党反动派查封了我党在国统区的机关报《新华日报》,并到处造谣说是"中国共产党要发动内战"。在这

种黑白颠倒、视听混淆的情况下，已经与党组织取得联系的陈然会同蒋一苇等人，将香港党组织寄到重庆的新华社通讯稿的手抄件印成传单，秘密传播党的声音，这份小传单就是《挺进报》的前身。地下党组织派市委委员彭咏梧前来联系，将这份报纸取名为《挺进报》，同时决定将其作为重庆地下党机关报发行。《挺进报》像黑夜里的一盏明灯，照亮了国统区，又像一把钢刀直插敌人的心脏。

一直无法查获《挺进报》的国民党反动派，使出了最为阴损的一招，他们让一名特务伪装成重庆大学的进步学生潜进了《挺进报》其中的一个发行点"文城书店"，骗取了书店联络员的信任，随后，特务们查获了《挺进报》的秘密地址。

被捕后，敌人对陈然进行了轮番审讯和严刑拷打，让他交出《挺进报》的发行名单，以便对《挺进报》做彻底的破坏。陈然坚持说所有工作都是由他一个人完成的，他决心牺牲自己保护其他同志的安全，并在狱中写下了惊天动地的诗篇《我的"自白"书》，直面敌人的威胁，蔑视叛徒的无耻，对革命充满了希望和热情。面对死亡，他从容不迫，大义凛然。1949年10月28日，一无所获的敌人残忍地将陈然杀害，他牺牲时年仅26岁。

74 刘国鋕：
为真理死而无愧的"七少爷"

1988年11月27日，一位叫刘国琪的富商来到四川歌乐山的烈士陵园祭奠他在一一·二七大屠杀中牺牲的弟弟。39年过去了，刘国琪一直想不通，如果当初弟弟能够遵照他的营救计划行事的话，现在弟弟还会好好地活着，为什么弟弟偏偏不听话呢？哥哥刘国琪到底实施了怎样的营救计划，最终弟弟为什么没有听从哥哥的安排而躲过那场惨绝人寰的大屠杀呢？

刘国琪的弟弟名叫刘国鋕，出生在四川泸州的一个大富豪的家庭里。刘国鋕从小就是受尽万千宠爱的"七少爷"，然而，历史的车轮却改变了刘国鋕的命运。

1936年，刘国鋕在成都上中学期间，参加了中共地下党组织的"读书会"。在那里，刘国鋕决定破旧立新，不惜成为他那封建家庭的叛逆者。在西南联大学习期间，刘国鋕加入了中国共产党，精神的洗礼让他完成了从一名富家公子哥儿到革命者的蜕变。大学毕业后，刘国鋕毅然选择去地处偏远的陆良从事教育工作，帮助云南省委进行建设。

 ★ 信念篇 ★

1945年底，因被当地反动武装注意，组织安排刘国鋕撤离陆良，回到重庆。当时的中国共产党重庆市委为了加强对"学运"的领导，决定在学校的沙磁区建立"沙磁学运特支"，刘国鋕担任书记。为了掩护革命工作，刘国鋕将办公地点设在他五哥的岳父、国民党四川省建设厅厅长何北衡位于上清寺的公馆里。何公馆作为地下工作的主要场所，长达两年之久。同时他将筹到的钱物和个人收入作为党的活动经费和"学运"的必要开支，自己却过着十分清苦的生活。

1948年4月，由于叛徒冉益智的出卖，刘国鋕在荣昌被捕。刘国鋕先被关押在渣滓洞监狱，后被转押到白公馆。特务们本来以为他是一个细皮嫩肉的富家少爷，不需要动重刑，只要对他软磨硬泡就能套出情报。让他们没想到的是，刘国鋕让他们的美梦破灭了，刘国鋕拒绝回答任何问题。恼羞成怒的特务们决定对刘国鋕施以重刑，而这位"家财万贯""爱新鲜赶时髦""皮肉娇嫩""不堪一击"的"公子哥儿"居然在严刑拷打面前，成为一个钢铁浇铸、宁死不屈的英雄。

得知"七少爷"被捕的消息后，刘家通过各种途径进行营救，但刘国鋕的拒绝却让家人们始料未及。特务头子想趁机利用亲情软化刘国鋕，说服他叛变。特务们表示，只要刘国鋕交出组织，就将他立即释放。刘国鋕用坚贞的信仰和不屈的行为，挫败了特务头子精心策划的亲情劝降阴谋。刘国鋕的家人们又从香港请回了刘国鋕的五哥刘国琪。在五哥的贿赂之下，特务们提出只要刘国鋕在报纸上发表声明退出中国共产党，就可以将其释放。刘国鋕看到五哥的努力后感慨万千，但是当他听到释放的条件后，再次毅然拒绝了家人的援救。1949年7月，刘国琪带了一张"香港汇丰银行"开出的空白支票给时任保密局西南特区区长的徐远举，让他随便填数字，然后释放刘国鋕。徐远举也不愿意和钱过不去，提出了刘国鋕可以不退出共产党，只要在一个"悔过书"上签个名就可以立即被释放。刘国鋕当然渴望生命，渴望自由和亲情，但前提是绝不能拿崇高至上的信仰做交换。于是，刘国鋕选择坚持，要释放就必须无条件。见弟弟如此固执，刘国琪伤心地大哭起来，"扑通"一声跪倒在地，哀求弟弟不要执迷不悟。但是，不论刘国琪怎样苦苦哀求，刘国鋕只是满面泪流，坚定地摇头。

1949年11月，不甘失败的国民党特务对被捕共产党员开始了疯狂的大屠杀。在走向刑场的路上，刘国鋕面对敌人黑洞洞的枪口从容不迫，高声吟诵了自己刚刚完成的就义诗："同志们，听吧！像春雷爆炸的是人民解放军的炮声！人民解放了，人民胜利了！我们没有玷污党的荣誉，我们死而无愧！"

淫威酷刑，铁狱黑牢，甚至牺牲生命，这些并不是刘国鋕唯一的选择，只要签一个字，他就可以选择过哥哥那样富足安逸的生活，然而他却义无反顾地选择了黎明前的牺牲。也许刘国鋕的哥哥永远都无法理解弟弟的抉择，但对一个共产党人，对一个革命者来说，坚持的全部意义，正在于对崇高理想信仰的忠诚。刘国鋕的忠骨已长埋于歌乐山下，但英烈忠魂却永驻人间。

75 熊向晖："一人可顶几个师"

在党的隐蔽战线工作中，有许多优秀的党员，其中有一位就潜伏在国民党高级将领胡宗南身边，在解放战争时期为党提供了许多重要情报，有力推动了解放战争的胜利，他就是被毛泽东称赞为"一人可顶几个师"的熊向晖。

熊向晖，1919年出生于山东掖县（今山东省莱州市）的一个官宦家庭，父亲是当时掖县的县长。出身官宦之家的熊向晖是怎样走上革命道路的？早在中学时期，熊向晖就积极追求进步，接触并解了共产党和共产主义思想。1936年，17岁的熊向晖考入清华大学中文系，其间他秘密加入了中国共产党。由此，熊向晖完成了从旧家庭官宦子弟到进步青年的身份转变，坚定了为共产主义奋斗终生的信念。翌年12月，熊向晖遵照周恩来的指示，潜入时任第八战区副司令长官、后任第一战区司令长官的国民党高级将领胡宗南的部队，作为一枚"闲棋冷子"，从事秘密情报工作。

1939年3月，熊向晖在国民党开办的中央陆军军官学校第七分校毕业后，逐步获得胡宗南的赏识，开始担任胡宗南的侍从副官、机要秘书。最初的两年，为了得到胡宗南的信任，更为了抗日战争的大局，熊向晖秉承党组织给他的指示，抓大放小，有所为有所不为，耐心当一枚"闲棋冷子"。1941年，国民党发动"皖南事变"，公开破坏抗日民族统一战线。此时的熊向晖明白，自己要行动起来了，要变得"不闲不冷"，明确自己的任务就是为党获取更多有利的情报。1943年，国民党制定了进攻党中央所在地延安的计划，特别要求胡宗南部队负责部署，闪击延安。当时，共产党精力主要放在抗日方面，此时若国民党突然袭击延安，党中央面临的将是沉重的打击。得到这个情报后，熊向晖赶紧将情报传递了出去。党中央及时得到消息，采取应对措施，最终使国民党闪击延安的计划破产。从此，胡宗南的一举一动都被熊向晖密切掌握，并及时地传达给党中央。对此，毛泽东称赞熊向晖："这些潜伏在国民党要害部门的同志干得很出色"。

解放战争开始后，此时在胡宗南身边潜伏了多年的熊向晖已经完全得到了胡宗南的信任。1947年3月，蒋介石命令胡宗南进攻延安，要"三分军事，七分政治"。在胡宗南看来，熊向晖就是可以帮助他"政治进攻"的不二人选，因此，胡宗南把国民党进攻延安的机密文件交给了熊向晖。熊向晖及时将这些情报传到了延安，党中央得以迅速采取措施，撤出了延安，使胡宗南进攻延安的计划再次落空。毛泽东曾在延安的窑洞里给胡宗南留下了一首打油诗："胡宗南到延安，势成骑虎。进又不能

进,退又退不得。奈何。奈何。"因为传递情报有功,毛泽东称赞熊向晖"一个人可顶几个师"。周恩来对他更加赞赏:"我党打入国军内部的情报人员工作卓越。李克农、钱壮飞和胡底属于前三杰;国共战争期间,又有三位突出的情报人员(熊向晖、陈忠经和申健),同样一人能敌万千军,创造了情报工作的奇迹。他们就是后三杰。"

1949年新中国成立后,熊向晖终于回到了北京,回到了党的怀抱。11月6日,他受到周恩来的邀请到中南海勤政殿参加宴会。到场时,他发现原国民党高级官员张治中、邵力子、刘斐等人也在。这些人看到熊向晖,打趣地问道:"这不是熊老弟吗,你也起义了?"周恩来郑重且微笑着替他回答:"他不是起义,他是归队。"在席间,周恩来指着熊向晖说:"今天我要向大家公开一个秘密。他是1936年入党的共产党员,是我们派他到胡宗南那里去的。"众人大为震惊,原国民党国防部参谋次长刘斐说:"怪不得胡宗南老打败仗。"张治中则感叹道:"早知道蒋介石在政治上、军事上不是共产党的对手,今天才知道,在情报工作上也远远不是共产党的对手。"

此后,熊向晖长期继续战斗在党的统战和外交战线上,为党的统战和外交事业作出了重大贡献。2005年,这位孜孜不倦的共产主义战士停下了他的步伐,长辞于世。

76 卢绪章：
与"魔鬼"打交道的"红色资本家"

隐蔽战线的形势变幻莫测，从事危险而又重要的隐蔽战线工作的党员过着多面的人生，因此，更需要坚定的信念。卢绪章，就是一位有着双面人生的隐蔽战线工作者。

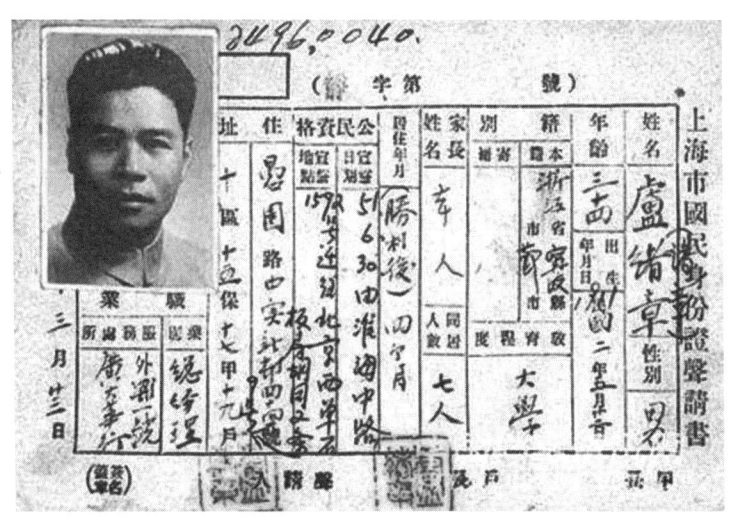

卢绪章身份证申请书

卢绪章，1911年出生在浙江鄞县（今浙江省宁波市鄞州

★ 信念篇 ★

区)一个小商人家庭。受当时蓬勃兴起的革命形势影响,卢绪章开始关心国事,投身社会进步活动。1933年,有了一定积蓄的卢绪章跟朋友集资开办了一家叫"广大华行"的外贸公司,除了以此谋生外,他也希望能用做生意的收入建立救国救民的进步青年组织。所以,他积极参加各种进步组织,接触并认同了共产主义。1937年,卢绪章参加了上海文化界救亡协会开办的抗日救亡干部培训班。这个培训班的骨干是中共地下党员。也就是在训练班里,卢绪章加入了中国共产党。入党后,卢绪章积极开展党的各项工作,特别是利用自己的公司开展地下活动,还发展自己的职员加入共产党,广大华行也就成为党在上海的一个秘密据点。

1939年,在党组织的安排下,卢绪章将广大华行的业务扩展到了重庆,他也随之到重庆负责相关业务,更要以此为依托在重庆建立党的秘密机构。周恩来曾专门与卢绪章会面,指示他即使在自己妻子面前也不许暴露身份,要卢绪章善用自己生意人的身份,多多结交国民党方面的人员,利用这些关系做掩护,搜集情报,为党的革命事业作贡献。分别前,周恩来拉住卢绪章的手,叮嘱他切记:"你要像八月风荷,出污泥而不染,同流而不合污。"

从此,卢绪章谨记党的指示,在重庆开始正式充当起"资本家"的角色,游弋于重庆的商界和政界。当时在外人看来,卢绪章与重庆的国民党高级官员打得火热,不仅能跟宋美龄的航空委员会搭上关系,还能拉拢蒋介石的侍从室专员,甚至还能通过孙科跟苏联做生意。他利用这些关系能轻而易举地进行倒卖黄金、美钞等投机活动，使得"广大华行"在重庆很快地从一个不起眼的小公司发展成为贸易往来通达全国的、特别是有强大后台的大型商贸公司。卢绪章通过努力不仅与国民党官员相熟，甚至还跟他们一起做生意。1948年4月，国民党高层陈果夫开办中兴制药厂，居然邀请卢绪章担任总经理。此外，卢绪章还与宋子文、马步芳、吴开先等其他国民党高层人物创办了皮毛公司和纱管厂等企业。这些都使卢绪章的"生意"有了"政治靠山"。正是有了这些所谓"政界"的保护伞，卢绪章的广大华行生意越做越大，遍及全国。这不仅很好地掩护了多次来往于根据地和国统区的中央领导和地下党员秘密传递情报，更有资本向根据地提供大批急需物资和经费。

为了革命工作，卢绪章披着资本家的外衣，成了亲朋好友口中"见钱眼开"的逐利人，成了妻子眼中不顾家的神秘人，成了一个孤独的"潜伏者"，也成了与魔鬼打交道的人。抗战胜利后，卢绪章曾在周恩来的办公室里倾诉道："周副主席，当资本家真比要我的命还难受呀！老朋友骂我，妻子不理解我，资本家的日子我真过够了！"周恩来再次叮嘱他："你本是一个疾恶如仇的人，却要长期和那些令你厌恶的人周旋，内心怎能不痛苦呢！但是，你要从党的事业需要出发，继续当好'红色资本家'。"

在充当"资本家"的岁月里，卢绪章不仅完成了秘密交通和情报工作，还为党提供了不少活动经费。从1942年至1948

年，他合计为党提供了二十多万美元的活动经费。在他开办广大华行的11年中，这位"红色资本家"盈利上百万美元，但他仍保持简朴的生活，从不浪费一分钱。而且他多次向自己的孩子强调，他的财产不会留给孩子，因为他是党员，党员的钱都要交给党。在1949年初，他又一次性提交党组织一百万美元经费。

新中国成立后，卢绪章负责国家经济工作。1995年11月8日，卢绪章与世长辞。

77 黄继光：
舍身堵机枪的"八大员"

1952年的朝鲜上甘岭战场上，硝烟弥漫，炮火连天，敌人碉堡内的机枪丧心病狂地四处扫射，中国人民志愿军损失惨重，很多志愿军战士牺牲在这里。如果不能拿下上甘岭这个阵地，拔掉这颗钉子，将影响整个战局。这时，该怎么做才能减少损失，啃下这块硬骨头呢？

这时，一个年轻的战士看着身边一个个已经牺牲的战友，站了出来，做出了一个令人难以想象的决定。这个年轻的战士当时是中国人民志愿军十五军四十五师二营六连的一个通信员，名为黄继光。

上甘岭战役打响后，美军依靠优势兵力向我志愿军阵地发起了轮番进攻。志愿军部队在接连攻占了三个阵地后，准备向"0号"阵地发起攻击。但是敌人的碉堡火力太猛，志愿军连续两天都没有攻下。如果不能尽快拿下"0号"阵地，用鲜血换来的前三个阵地都将难以守住。就在这个时候，通信员黄继光站了出来，请求担任爆破任务。

★ 信念篇 ★

黄继光带领两名同乡战士吴三羊和肖登良,交替掩护爆破,连续摧毁了敌人的几个火力点,很快就炸掉了三个小碉堡。吴三羊在攻取敌人的第四个碉堡时,不幸中弹牺牲,肖登良也身负重伤,奄奄一息。黄继光看到这个情况后,更加地义无反顾地提起手雷向前方冲去。在敌人猛烈的机枪扫射下,他刚冲出去没多远,身上就中了几颗子弹,只见他摇摇晃晃,调整了一下身体的重心,又向着敌人的碉堡扑去。参谋长见前面只剩下黄继光一个人就立刻用机枪为他提供掩护,而这时的黄继光还在坚持着匍匐前进,一步步逼近敌人的碉堡。就在距离碉堡5米左右的距离时,黄继光奋力地站了起来,迅速把手雷投向敌人的碉堡里。

只听"砰"一声巨响之后,敌人的碉堡被炸掉了大半截,机枪不响了,战友们也随即发起了冲锋,就在这个时候,敌人火力点上残存的另外一挺机枪又响了起来。原本已经身中数弹昏倒在地的黄继光,被这突如其来的猛烈的机枪声惊醒了,如果不把这挺机枪炸掉,后面的战友们都有可能会牺牲。但是,此刻他的手中已经没有了任何武器,他完全有理由把自己隐蔽起来,但为了保护其他战友的生命和赢得这场战斗的胜利,黄继光全力支撑起已经多处中弹的身体,再次向敌人扑了过去。当敌人机枪的子弹再次射中黄继光的身体时,他已经扑倒在敌人的跟前,他用自己的胸膛死死堵住了敌人正在喷射的枪眼。

战友们冲上"0号"阵地后发现,黄继光敦实的身躯仍然压在敌人的射击孔上,他的手还牢牢地抓着周围的麻袋,宽阔的胸膛紧紧地堵着敌人的枪口。黄继光的惊人壮举给了战友们莫大的鼓舞，他们更加顽强地战斗，牢牢地守住了已经攻下来的阵地。那么，在黄继光这"舍身堵枪眼"的勇敢举动背后，是一股怎样的力量和信念使他做出这样英勇的壮举呢？

贫苦农民家庭出身的黄继光一家三代都受尽了地主阶级的压迫与剥削，那些充满了苦难和挣扎的岁月，逐渐坚定了黄继光内心长大了要为穷苦人"闹革命"的决心。1950年后，黄继光毅然加入了中国人民志愿军，支援朝鲜抵抗美帝国主义的侵略。黄继光对工作充满了热忱，给许多战友都留下了深刻的印象，黄继光也因此获得了一个绰号"八大员"，即能打仗的战斗员，能做饭的炊事员，能治伤的卫生员，能抬伤员的担架员，能送弹药的运输员，能修电话的话务员，同时还是宣传员和通信员。

黄继光胸怀坚定信仰，践行着自己的铮铮誓言。他舍身忘我，用身躯堵住枪眼，让敌人叫嚣的机枪哑然失声。他用年轻的生命开辟了战友们胜利前进的道路，他的伟大精神和不朽功勋必将如同镌刻着他名字的五圣山（上甘岭所在地）一样巍然屹立，永世长存。

78 黄作梅：
为世界和平事业牺牲小我

1955年4月11日的傍晚，一架载有前去参加亚非会议的中国代表团和中外记者的飞机正翱翔在马来西亚北婆罗洲沙捞附近的海面上，突然一声爆炸声响起，火焰迅速蔓延至整个机身，随后飞机坠入大海。这就是震惊中外的"克什米尔公主号"事件，这次空难共有十一人遇难，其中包括时任新华社香港分社社长黄作梅。

黄作梅，1916年2月13日生于香港。黄作梅9岁时考上了香港颇有名望的中文学校敦梅学校。1932年被保送到皇仁书院，该校是香港名校，孙中山先生曾在此就读。黄作梅在皇仁书院读书期间成绩优异，多次获得嘉奖。1935年黄作梅从皇仁书院毕业后，先后在政府物料管理处和皇家海军船坞任职。

1936年，黄作梅加入"怒潮"读书会，参加抗日活动，因此被港英警察逮捕，获释后继续组织读书会、"中华圣教总会歌咏班"，教唱抗日歌曲。七七事变爆发后，黄作梅渴望奔赴前线，参加抗日救国运动。作为家中长子，为尽孝道，并照顾年幼的弟弟妹妹，他无法远离香港，但是他在香港也努力为战火中的祖国奉献着自己的青春与忠诚。香港沦陷前，黄作梅被选为香港华人文员协会主席。1941年6月，黄作梅在香港加入了中国共产党。

1941年12月，太平洋战争爆发，香港沦陷，中国共产党领导的广东人民抗日游击总队，沉重打击了日本侵略者。黄作梅就是这支抗日队伍中的一员。1943年12月，广东人民抗日游击总队正式改番号为广东人民抗日游击队东江纵队，发表成立宣言，并公开宣布接受中国共产党的领导。黄作梅当时不仅参加了东江纵队，还任港九大队国际工作小组组长，直接参与营救国际友人和盟军战俘的工作。东江纵队和有关方面成功地营救出大批的民主人士、文化人士以及国际友人，得到国内外人士的高度赞扬。

1944年10月，东江纵队与驻华美军司令部进行情报合作，成立情报部联络处。由于黄作梅英文水平高，被任为东纵联络处首席翻译官。东纵联络处成立之日，正是盟军在太平洋大举反攻之时。为了配合盟军的反攻和登陆，他们在看不见的战场上展开了艰巨而卓有成效的工作，为盟军提供了大量精确的情报。为表彰东江纵队以及黄作梅对盟军作出的重要贡献，1946年，英皇乔治六世邀请东江纵队港九大队国际小组负责人黄作梅到伦敦参加二次世界大战胜利大游行，接见并授予其勋章。黄作梅是在当时唯一获得英皇授勋的共产党人。

东江纵队北撤后，黄作梅奉命继续在香港活动。1946年，

黄作梅参与筹建新华社香港分社工作。战后的香港经济萧条，党组织活动经费不足，黄作梅想尽办法为组织筹款。1947年，黄作梅受新华社派遣，前往伦敦，创办了新华社伦敦分社，并担任社长，成为新华社海外第一代英文发稿人。

1949年8月，黄作梅任新华社香港分社社长，以此身份为掩护，暗中在香港从事情报活动。1955年4月11日，黄作梅受派参加万隆会议，他所乘坐的"克什米尔公主号"飞机遭到台湾保密局特工使用定时炸弹袭击，全机仅三人生还，黄作梅不幸牺牲，终年39岁。据生还者透露，飞机坠毁前，黄作梅等几位工作人员还忙于烧毁机密文件，临危不惧。

1956年，八宝山革命公墓矗立起一座高五米的汉白玉纪念碑。碑文是周恩来总理亲自书写的"参加亚非会议死难烈士公墓"。黄作梅和其他为世界和平壮烈牺牲的勇士就安息于此。

79 | 郭永怀:
永不陨落的"两弹"之星

在我国空气动力中心大院的松林山上,有一座纪念亭,亭上镌刻着三个大字:永怀亭。这里永远怀念的是中国"两弹"之星——郭永怀。那颗编号为212796号的小行星"郭永怀星",也是以郭永怀的名字命名的。

郭永怀

★ 信念篇 ★

郭永怀，山东荣成人，出生于1909年。他的童年和青少年时期是在山河破碎、国已不国的危难中度过的。当时，国内政局动荡不安，外部又有日寇的虎视眈眈和不断蚕食。1937年，郭永怀从北京大学物理系毕业已有两年，就是在这一年，日本一手制造了震惊中外的卢沟桥事变，华北告急，全中国告急，日本侵华战争全面爆发。内忧外患的危难局面，让郭永怀深刻地意识到，一个国家倘若没有强大的军事力量，将永远处于挨打的境地。于是他辗转南下，来到昆明西南联大半工半读，他放弃了自己钟爱的光学专业，改学航空工程。

1938年，郭永怀考取了中英庚款留学生，从上海登船前，郭永怀发现手中的护照竟然是由日本政府颁发的。国家蒙难，自己是一个堂堂的中国人，怎么能拿着侵略者日本政府颁发的护照去留学呢？于是他毅然放弃了这次机会。

之后，他先后到加拿大和美国留学，并于1945年在美国加州理工学院获得博士学位。就是在这里，他与钱学森、钱伟长结为好友。1946年至1956年，他在康奈尔大学任教，这十年可以说是他科研事业的黄金时期。当时，飞机的飞行速度并不理想，声障是提高飞机飞行速度需要突破的难关。郭永怀和钱学森经过钻研和努力，合作拿出了震惊世界的重要数论论文，首次提出了上临界马赫数概念，并得到了实验证实，为解决跨声速飞行问题奠定了坚实的理论基础。郭永怀名声在外。

1950年，钱学森回国受阻，郭永怀的行动也受到了美方的限制。为了避免美国以他掌握重要科技资料为由阻挠他回国，在一次同学聚会上,他将自己历时十余年写就的手稿付之一炬。虽然美国移民局也来劝说他留下来,但是无论多么优渥的条件,也阻止不了一个赤子报效祖国的拳拳之心!1956年,郭永怀冲破美国的重重阻挠,终于回到了那个被列强侵害得千疮百孔的祖国。此时他已阔别祖国十六年之久。

回国之后,他立即投入到科研工作当中。1960年5月,郭永怀被调到核武器研究院工作,并兼任副院长。为发展我国的两弹事业,郭永怀呕心沥血。1963年,导弹热核武器试验基地迁往青海,那里海拔在3000米以上,气候变化无常,最低气温超过零下40摄氏度。艰苦的自然环境和科研条件,不仅没有击退郭永怀的进取之心,反而更加淬炼了他为国家科学事业献身的信念。在他和无数科学家的努力下,1964年10月16日,中国第一颗原子弹装置爆炸试验成功;1967年6月17日,我国第一颗氢弹爆炸试验成功。

1968年12月,身在青海基地的郭永怀发现了一个重要数据,他急忙乘飞机赶往北京汇报。然而,在5日那天,就在飞临北京机场,距离地面只有四百米时,飞机突然失衡,一头扎进了一公里外的玉米地里。当人们从飞机上寻找到郭永怀遗骸时惊讶地发现,他和警卫员紧紧地拥抱在一起。他们似乎在守护着什么,当人们把两具僵硬的遗体分开时,一个老旧公文包掉落下来,手提包里面装着绝密文件,完好无损。在生命的最后一刻,他想的也是用自己的生命保护国家的科技资料!得知郭永怀牺牲的噩耗,周恩来总理失声痛哭。

 ★ 信念篇 ★

就在他去世后的二十二天，中国第一颗热核导弹试验成功。同一天，中央授予这位做出了巨大贡献的科学家"烈士"称号。

1999年国庆五十周年前夕，为了表彰为我国核弹、氢弹和卫星事业做出杰出贡献的科学家，中共中央、国务院、中央军委授予二十三位科技工作者每人一枚"两弹一星"功勋奖章。这二十三位科技工作者中，郭永怀是唯一以烈士身份被追授勋章的。那枚由515克纯金制成的"两弹一星"功勋奖章，永远纪念着郭永怀烈士比黄金还要纯粹、还要贵重的精神信仰。

80 朱光亚："人生为一大事来"

2011年感动中国十大人物颁奖典礼中，有一位获奖人的颁奖词是这样的："人生为一大事来。他一生就做了一件事，但却是新中国的血脉中，激烈奔涌的最雄壮的力量。细推物理即是乐，不用浮名绊此生。遥远苍穹，他是最亮的星。"这位获奖人就是择一事、终一生的朱光亚。他的"择一事"就是为国为民，"终一生"就是为了这个坚定执着的信念奋斗一生。

朱光亚，1924年12月25日生于湖北宜昌。早在高中时期，朱光亚就对物理学产生了浓厚的兴趣，因此，他在1941年考入了当时的国立中央大学物理系。在那里，他结识了从美国学成归来的赵广增教授，了解到国外的科学水平，看到了当时中国与美国的差距，这使他下定决心要到美国学习"先进的科学"。在他大二的时候，西南联合大学到重庆招收插班生。七七事变爆发后，北京大学、清华大学和南开大学南迁到昆明后合并建立了西南联合大学，因此西南联合大学聚集了当时中国顶级的学者教授，可谓是当时中国最好的大学。这极大地吸引了

朱光亚。在他的努力下，朱光亚成为西南联大的一名学生，师从周培源、王竹溪、叶企荪、吴有训、朱物华、吴大猷等多位知名教授。此时的西南联大青年学生面临的是国破家亡的政治局面，因此在他们心里都深深地埋着一颗种子——若想不当亡国奴，只有自己强大。他们克服一切困难，在日军的疯狂轰炸下，在校园简陋的环境里，刻苦学习，努力汲取营养，就是为了一个信念——救国救民。

抗战胜利后，朱光亚随从吴大猷教授前往美国考察原子弹技术。然而，他们遭到了拒绝，美国毫不留情地表明了态度：美国不会向美国以外的任何国家开放原子弹相关研究技术。这极大地刺激了朱光亚，他发誓一定要靠自己的努力，掌握先进的科学技术，使自己的国家也能强大起来。于是，他进入美国密歇根大学研究生学院，专攻自己并未接触过的核物理学。

1949年，新中国成立，百废待兴。此时的朱光亚已经拿到了物理学博士学位，如果留在美国工作，他将拥有什么样的光鲜生活是人所共知的，但朱光亚已经迫不及待地准备回国的行程。为什么要回到贫穷落后、百废待兴的祖国，今天或许还有人难以理解，但在当时，朱光亚的理由不仅充分，而且是那样充满激情。这个信念，就是为了报效新中国。因为在他心中，科学没有祖国，但是科学家有祖国，回国是不需要理由的，不回国才需要理由。而且，他还积极呼吁海外留学生回国效力。1950年3月18日，《留美学生通讯》第三卷第八期上刊登了朱光亚写的《给留美同学的一封公开信》。信中写到："同学们，听吧！祖国在向我们召唤，四万万五千万的父老兄弟在向我们召唤，五千年的光辉在向我们召唤，我们的人民政府在向我们召唤！回去吧！让我们回去把我们的血汗洒在祖国的土地上，灌溉出灿烂的花朵！"这封信的末尾，除了朱光亚的署名外，还有五十二名留美学生的名字。而这封信发表的时候，作为回国运动发起人的朱光亚已经登上克利夫兰总统号客轮，驶离了美国的旧金山港口，踏上了回国的航程。大批海外留学生在他的感召下，毅然返回祖国，一起投身于新中国的建设事业中。

　　1957年，朱光亚的好友李政道、杨振宁在美国获得诺贝尔物理学奖，扬名世界，而此时早已回国的朱光亚却进入了一个不被外界知晓的单位，几近消失。现在我们知道，消失的朱光亚是响应党和国家召唤，隐姓埋名，投身到伟大的两弹一星事业之中。1999年9月18日，在人民大会堂由中共中央、国务院、中央军委隆重召开的表彰大会上，朱光亚与其他二十二位功勋卓著的科学家被授予"两弹一星"功勋奖章。此时，这个秉持为国为民信念、甘愿"做隐姓埋名人，干惊天动地事"、为国家科学事业作出重大贡献的朱光亚才真正为国人所熟知。